聽見孩子的聲音

程序監理人的看見與實務

總策劃
兒少權心會

蘇淑貞——總校閱

王儷穎、林欣儀、張嘉紋、黃春偉、謝嘉玲、蘇淑貞——著

謝子瓔——採訪整理

目錄

〈專文推薦〉接住渴望愛的孩子，以及大人！ 楊俐容 005
〈專文推薦〉培養「親職能力」的最佳教材 蕨類爸爸 009
〈專文推薦〉聲音自由，選擇才真正開始自由 賴芳玉 013
〈作者序〉踏上程序監理人之路 017
〈前　言〉在聽孩子的聲音之前，先談談關係 023

第一章 兒童的代言人：程序監理人 043
程序監理人的誕生／程序監理人的角色與任務／程序監理人的心聲

第二章 一個朦朧不清的家 051
千里姻緣一線牽／故事才要開始／一趟旅程，重啟夢想
夢幻母親vs務實父親／喚醒父母親職角色的會談／關係處方箋

第三章 好難為的會面！ 075
無法繼續的生活／程監的訪視／程監第一次陪同的會面／程監第二次陪同的會面／社工陪同下的交付／關係處方箋

第四章 當博士能解決問題嗎？ 099
七年的愛情長跑／關係的改變／小新眼裡的家……有點不一樣了
分居後的假日會面／程監訪視／小新的世界／關係處方箋

第五章 完美媽媽的背後 123
意外的法院文件／家庭與工作的抉擇／少了爸爸的家庭生活
調解過程的會面安排／訴訟程序的會面安排／程監進場／關係處方箋

第六章 沒說出口的話 149
長孫出生／有了二寶／內心的不滿層層堆疊／訴訟後的生活
在爸爸家的訪視／在媽媽家的訪視／一場破冰的對話／關係處方箋

第七章 童年只有一次，所以要…… 173
兩個不同的家／詠心家的訪視／依璇的內心世界／依婷的內心世界

小翠姑姑家／再次拜訪詠心／關係處方箋

第八章　活在真空的童年　195

一場拉鋸戰／文凱的視角／美惠的視角／品彥內心的糾結
終於踏上法庭／關係處方箋

第九章　望著父母背影的孩子　219

意外的異國戀情／吵不停的家／分居後的新生活／程監的訪視
關係處方箋

第十章　小小大人的內心戲　241

無法共同面對挑戰的婚姻／進入訴訟和程監的參與
快轉長大的梓豪／關係處方箋

第十一章　性侵疑雲　263

重新燃起對家的渴望／跨不過價值觀落差的坎／巨變／改變的契機
關係處方箋

〈專文推薦〉

接住渴望愛的孩子，以及大人！

楊俐容

——我可不可以愛爸爸，也愛媽媽？

——爸爸媽媽吵個不停，他們當中是不是一定有一個是壞人？

——如果我乖一點，爸爸媽媽是不是就不會吵得這麼厲害（或離婚）了？

——既然爸爸媽媽不相愛，為什麼要生下我？

以上這些困惑，以及更多對自我價值、親密關係，乃至生命意義的懷疑，不只是離異家庭孩子心裡反覆出現的聲音，在父母不善溝通導致夫妻衝突不斷的家庭裡，孩子同樣背負著這些沉甸甸的問題。

特別是對於身處父母還在互相拉扯、彼此傷害階段的孩子來說，現實如此殘酷，以至於他們必須偽裝、防衛、封閉自我，才能無視心裡的傷痛。而當傷痛無法避免，能否妥善處理，就成了傷口能不能順利癒合、痛苦是不是日漸淡去，唯一且必要的關鍵。

另一方面，陷在離婚泥沼中的父母，即使身心俱疲，以下這些擔憂焦慮，以及更多負面想法和感受，仍會時不時地湧上心頭。

——離婚會不會對孩子造成難以彌補的傷害？

——如果不說對方有多糟，孩子是不是會認為我不應該離婚？

——沒有爭取到監護權，孩子會不會覺得我不要他了？

——對方有這麼多缺點，他／她能做一個稱職的父親／母親嗎？

即使不打算走上離婚之路，如何面對彼此的差異，不讓衝突激化，甚至對孩子的成長造成負面影響，仍是所有父母必須反思與面對的課題。

家庭是複雜情感的主要體驗場，離異對家庭成員帶來的衝擊之遠之深，遠超過當事人的理解和想像。正因如此，在閱讀過兒少權心會即將出版的《聽見孩子的聲音》書稿後，特別想將這本專業度與溫暖度極高、主題與內容少見的親職教育好書，推薦給所有重視兒少福祉、關心孩子心理健康發展的大人。

無論您是對「程序監理人」工作感到好奇的普羅大眾，或者是想要加入這個行列的專業人士，本書都是非常難得的自我進修教材。前言「在聽孩子的聲音之前，先談談關係」把親職教育的架構和重要觀念技巧，做了非常簡明扼要的羅列，字裡行間更充滿著值得畫重點、作筆記的金句嘉言。第一章「兒童的代言人：程序監理人」不只幫助讀者快速勾勒這個角色的輪廓，更讓我們看到權心會團隊對這個角色的珍視與反思。

如果您已經是程序監理人，或者從事家事法庭相關工作，那麼，呼朋引伴組讀書會，一起研討書中案例，就儼然成為另一種形式的工作坊，您的專業也將獲得更寬廣的拓展。

如果您此刻正好身為高衝突家庭裡的爸爸或媽媽，如果您渴望降低離婚過程、爭取監護權對孩子成長的負面影響，如果您希望孩子理解你對他／她的愛並不會因為離婚而改變或終結，那麼本書就是這一路上最好的良伴。您可以隨意閱讀，或刻意在書中尋找想要的提點，您會發現讀著讀著，眼眶濕了、心安靜了，也更能聽見您所愛的孩子，以及自己內心那個受傷孩子的聲音。因為聽見，心會被打開，路上的險阻好像也變得不那麼艱難了！

尚未成年的孩子，沒有足夠的生活閱歷和理解能力來消化家庭問題，更難透過自我反思，將傷痛轉化為成長的力量。因此，孩子的健康成長需要整個村落同心協力，給予孩子富於人性的關愛和支持；這裡的村落指的就是孩子生活的社區。衷心企盼所有與孩子健康成長相關的大人，包括家族長輩、保母教師、助人工作者……等，都能透過閱讀這本書，而對高衝突或離異家庭的孩子，有更多元的了解和更具體的同理。

投入親職教育數十年，看過的國內外相關書籍不在少數，《聽見孩子的聲音》是其中相當扎實、豐富、特別又非常有溫度的創作。在此，謹向權心會團隊、本書作者群致上最高的敬意，相信透過「程序監理人的看見與實務」，我們將能接住更多渴望愛的孩子，以及大人！

（本文作者為親職教育專家、兒童青少年心理專家、臺灣芯福里情緒教育推廣協會創會理事長。著作有《我是EQ高手》等三十多冊。目前致力於社會情緒教育與普羅大眾心理教育推廣工作。）

〈專文推薦〉

培養「親職能力」的最佳教材

蕨類爸爸

時間若倒回二〇一一年的年底，當時的我完全無法想像未來有一天會參與親職教育、家事法律相關書籍《聽見孩子的聲音》的推薦序！同時，若沒以當事人身份加入這個場域，幾乎無法想像在這裡發生的各種光怪陸離——不論這些怪現象是來自當事人、相關專業工作者，或是法院。

年少時聽聞「天下無不是的父母」，並未覺得有什麼問題；不過，當成年或學習更多以後，終於了解到：「不是的父母」隨處可見。在亞太地區或華人社會，充滿「我是為你好」、「把孩子視為自己的私產」、「把孩子的人生與自己的綁定」、「孩子的成就是父母的成績單」……等等心態的家長。

二〇一八年公視製播了討論度很高的「你的孩子不是你的孩子」單元劇，當時在節目官方的臉書粉專，就有不少家長留言：「我的孩子怎麼會不是『我的』孩子?!」，由此可見一斑。

騎車、開車都需先考取駕照才能上路，但在我們的文化中，「成為合格的父母」似乎是大家默認、內定必然會取得資格的事！但偏偏具備「親職能力」（parenting）是真的需要學習並時時進修的，無法靠自己過往的經驗、父母輩的模式而能應對下一代。

當不具正確親職觀念、對親子關係持有錯誤認知的父母，因種種因素開始爭執或離婚時，各式直接間接傷害孩子身心的言行就會自然而然登場，成為前述怪現象的來源，並且形成惡性循環。其中，當然也包括了基於訴訟利益算計、權力控制、獨佔心理和報復心態，而阻擾另一方行使親權，甚至阻擾另一方接觸孩子的惡質文化。

通常法院也無法有效阻止相關亂象，甚至變相形成默許阻擾探視、親權案件「先搶先贏」為主流的審理實務，最終助長了尚未進入該場域的家長父母競相效法、複製相同惡質的策略。

各種要素互為因果，到頭來已經不知誰是始作俑者、誰才是那個「壞人」……。面對這樣的系統困境或大環境的問題，該如何解呢？還真的是千頭萬緒，甚至有束手無策的無力感。

民間團體目前能做的是持續宣導與倡議，讓正確親職觀念儘量廣布，尤其讓更多家長父母知道權控孩子、阻擾孩子與另一方接觸，不單單在法律或道德上是錯的，更是造成孩子難以抹滅深刻的身心痛楚與童年創傷。

本人近年參與相當多的法院家事庭的親職教育課程，同時也在觀察其他學員（父母）；有次意外發現，部分家長聽不懂何謂「同理心」（empathy）。這並非代表他們沒有同理心，而是這些來自五湖四海、不同社經地位階級、不同教育或職業背景的家長，有可能不清楚該名詞所代表的意義（此詞彙並非他們生活中會頻繁接觸到的），所以部分人很可能有聽沒有懂；那些相關課程對於該家長來說，效果就打了折扣。

因此，不能僅靠單向說教傳達親職觀念或技巧，而是要提供直白、明確、可理解的操作技巧、SOP；為了確認父母「真的懂了，真的會了」，也需研擬接地氣、手把手的溝通教學與現場互動實作，才能讓效果彰顯出來。

《聽見孩子的聲音》一書，即是在文字表達上，做到直白淺顯，讓相關親職知識更普及。而且也是國內首部以「程序監理人」視角切入，剖析進入離婚爭訟的親子與兩性關係，更在分享的個案內附上程序監理人的「關係處方箋」——直接幫讀者「劃重點」——整理出精粹要點，讓讀者、正在爭訟的父母們可直接理解：不要拉攏孩子、不要對孩子訴苦、不要在孩子面前講另一方的壞話或抱怨對方！

離異家庭的未成年子女，基於忠誠議題、自身的生存考量，不見得會將心中想法真實表達出來。家長父母除了應多關愛孩子以外，更需要多知曉正確親職觀念，才能真正「聽見孩子的聲音」。這本書，正是手把手的最佳教材。

（本文作者為社團法人臺灣父親權益協會理事長、紅鶴老爸陣線發起人）

〈專文推薦〉

聲音自由，選擇才真正開始自由

賴芳玉

前陣子，一個年輕女孩因疫情自國外回台，她來到事務所，我們一起回顧了十幾年前，她還是小學四、五年級時的法庭經驗。

當年，這個小女孩在父母離婚時選擇留在爸爸身邊，而且對媽媽的探視非常抗拒，因此探視的議題讓爸爸相當焦慮。所幸當時及時介入各方心理諮商的服務，爸爸澄清自身感受，也適時提供孩子看待離婚議題、矛盾情感的時間與空間，不過度介入與過問，女孩也有自己的心理師，那是一個能說出自己「秘密」的空間。

這個案件，讓我「讀」出很複雜的母子議題，孩子在父母爭執過程中有自己描繪的故事，不能問的、不清楚的，孩子都會自行「腦補」。

她讓我想起另一個調解庭裡年紀相仿的男孩，他們都問了相同問題：「誰來告訴我，我的父母到底發生什麼事？真相是什麼？」原來孩子面對父母或各自的家人互相指控對方說謊時，感到非常困惑。

家事案件從沒有簡單答案，但對還在探索世界的孩子而言，一個二分法、簡單明確的答案似乎很重要。他們不能接受模擬兩可的答案，並為此感到糾結、痛苦與挫敗，在無法釐清自己的感受時，會拒絕在這個複雜的狀態下給出一個明確立場；於是，探視往往成為子女重返糾結的內在法庭的處境。

這位女孩確實如法院的調解筆錄如期與媽媽見面，但媽媽因為不明白女兒的複雜情緒，誤以為是爸爸造成的，因此一直想藉由探視告知爸爸說謊的事證；這舉動讓女孩很憤怒，也導致探視的品質越來越糟。

我很想協助這個媽媽試著聆聽孩子內在的聲音，但因為我是爸爸的律師，在制度上，媽媽也不願信任我的看見。那一年，還沒有程序監理人制度。

但二〇一二年家事事件法上路，法庭內多了一個特別的人——「程序監理人」。那是協助法院聽見孩子的真正聲音、也是維護孩子程序利益之人。如果十幾年前，那個案件有程序監理人，適時協助媽媽聽見孩子的聲音，眼前這位年輕女孩不知是否會有不一樣的發展？

如今程序監理人制度已經十年，但這個名詞，很多人、包括法律人都極度陌生。因此許多正經歷司法實務的人，無論是當事人或法律人，多因對程序監理人的陌生而產生不安全感，以致當事人在與程序監理人的關係上產生莫名的壓力、焦慮、敵意，甚至偽裝的情況，這是非常可惜的現象，折損了程序監理人進入司法協助兒少的助力。

「兒少權心會」的前身，本就是因應二〇一二年程序監理人制度上路而生的平台，從現代婦女基金會兒少法庭權益保護中心開始，一群關心兒少的跨專業（心理、精神、法律、社政及兒童職能師等）夥伴，開始摸索並運作程序監理人的實務工作。

這群程序監理人在第一時間承擔這個制度本土化過程的責任。要推動制度，一個人勢必走不遠，唯有仰賴一群人才走得久。所以在二〇一七年將這個平台正式獨立並組織化，於是有了兒少權心會的成立與發展。

這群兒童專家因為經歷十年的程序監理人經驗，經手過各類棘手兒少案件，如今他們願意以說故事的方式讓社會大眾更看見他們的看見、聽見他們的聽見。

我有個很深刻的感動：他們甘冒著捲入家庭風暴的核心，承擔許多人的指責——無論是法院、律師或當事人——艱辛地守護著兒少；這當中必然是憑著對孩子的看見、聽見與專業，才能穩住守護者的角色。但他們終是有血有肉，並非鋼鐵人，法律上終究有它的侷限性，因此他們用書寫對話，試圖撼動當事人創傷的外殼，裂出縫隙讓愛流動，也試圖與各界對話，辨識子女們真正的聲音。

什麼是子女最佳利益？什麼是孩子表意權？孩子真正的聲音是什麼？每個專家心中都有模糊又清楚的答案。模糊的是，因為家事案件中的孩子，隨著父母間的關係而有不同的發展，會遇到的變數無人可以預見；但清楚的是，孩子的聲音能否自在，會是離婚子女身心發展最重要的滋養。

人，終其一生能否作出真正的選擇，都在於內在的聲音是否自在而真實地發出，不是嗎？

（本文作者為律州聯合法律事務所主持律師）

〈作者序〉

踏上程序監理人之路

「家事事件法」於二〇一二年制定後，開始有了「程序監理人」的制度。同年，我們當中的春偉臨床心理師收到相關函文，主動參與程序監理人的工作。

只是此制度並無專門的培訓機構與課程，當時也沒有前輩可以請教、討論，春偉臨床心理師除了自行瀏覽、尋找相關的訓練與課程外，也陸續邀請身邊同為臨床心理師的夥伴加入程序監理人行列。

這樣自成一格的學習模式，在過程中如果有盲點、困惑，也沒有機會與管道可以澄清、討論。後續春偉臨床心理師連結各相關專業，與六位同為臨床心理師的程序監理人，開始與一群不同背景的程序監理人及關心兒少權益的專家定期進行個案討論。

越是討論我們越發現彼此間有不少共同的看見和感觸，同時也感嘆缺乏本土性的資料可以參考。在我們擔任多年的程序監理人、累積上百個案件之後開始有了出書的發想。

糾結的關係，為難的案件

幾年前，我們當中的夥伴曾接觸過這樣的案件：

當年媽媽被迫離家，後來爸媽離婚，媽媽只帶走女兒。過了幾年，媽媽再婚。後來她得知道爸爸的親職能力並沒有提升後，透過訴訟想爭取兒子的親權；程序監理人也評估媽媽較為適任。但，這時候兒子不要媽媽了，兒子對媽媽口出惡言，甚至和爸爸同盟一起對抗法院的安排。

以客觀條件來看，兒子跟著媽媽能受到良好的教育與照顧。但現今，兒子仇視媽媽太深，若真與媽媽同住，會是最恰當的安排嗎？到底該如何決定？又有哪些資源可以幫助這個兒子？千萬個為難，拉扯著程序監理人的心。

上述的案件，只是我們處理過上百件案件中的其中一例。在多數的狀況，父母都是愛著孩子、希望孩子在父母離異過程中不被影響的，然而，因為對於孩子面對此情境的可能心理歷程認識有限，以至於內心雖然在意，卻不知道該做或不該做些什麼，只能憑著直覺和常理，做出自己認為對孩子「好」的事。

只是當夫妻的關係越拉扯、越緊張，若沒有恰當地處理與面對，容易演變成彼此衝突、敵對的狀態，直到某天有一方突然離家、把孩子帶走，或決定結束關係，雙方的衝突以及對於對方的不信任感，都將達到高峰。此時，夫妻間所看所想的都只剩對方的缺點，只要與對方有關的事情都難以客觀思考、判斷。衝突越強，越少溝通；越少溝通，就越容易用揣測、腦補的方式解釋對方的行為意圖；越是腦補，對方的缺點只會被放得更大，如此一來雙方為了保護孩子，將不自覺地將孩子抓得更緊，認為只有自己給孩子的才是最好的。

或許孩子沒有直接涉入衝突事件中，但父母的拉扯讓孩子左右為難。有些孩子想幫忙分擔父母的憂慮，一點一滴承接了父母的情緒，於是順著父母的期待來回應而沒了自己；有些孩子內心有很多疑問：他愛著爸爸也愛媽媽，卻不知道該怎麼問、怎麼說？這些困惑只能深藏在心裡，雖然有家可歸，但內心無比孤單。

在這個關係糾結混亂的階段，也常見身邊的親友熱心地湊上一腳，給予很多想法、建議，卻因不了解事件的來龍去脈，有時反而在當中幫了倒忙、造成另一波紛爭的開始。

父母在這種不信任、無法溝通的狀況下，雙方都期盼能有一個公正、合理的裁判，來定奪誰的教養才是最好的、最正確的，「上法庭」成了他們最後一絲希望。只是糾葛不清的恩怨和在關係裡受的傷都還沒有機會處理，彼此對對方有著很深的成見，在「最好的父母爭奪戰」中父母各執己詞，孩子的聲音不斷地被扭曲、漠視，「孩子被迫選邊站」成為家事案件中三敗俱傷最無聲的證據。

「上法庭」對關係具有破壞力，卻也有約束力，父母離婚後孩子仍能持續擁有父母雙方的愛與照顧，是兒童的重要權利，然而孩子這個權利的維護，若沒有得到父母由衷的認同，在法庭上雙方承諾的戮力配合，在訴訟結束後又能執行到什麼程度？此外，訴訟程序冗長緩慢，追趕不上孩子的成長，這也讓無法順利與孩子接觸的一方心急如焚、倍感委屈。好不容易捱到訴訟結束，一方卻因法官裁判不如自己的期待而提出上訴，又成為另一個漫長攻防循環的開始。

我們是一線曙光嗎？

面對這些循環與看見，促使著我們思考自己在「程序監理人」這個角色上，可以為這些家庭做什麼？又該如何做，才能讓孩子的聲音有機會被聽見？

因此，我們開始傳遞「合作父母」的概念，我們相信唯有父母願意在親職角色上合作，孩子才能安心地當個孩子。只是，法庭是戰場，進到當中的人是要拚輸贏、爭對錯，不是來合作的。在立基點如此不同的情形下，可以想像過程中會有多少矛盾與衝突。

夜深人靜時，我們也常會問自己：「我蒐集的資料，足以判斷和推論未來嗎？父母照顧品質不分軒輊，又該如何取捨？報告上的建議是否能被正視，以及父母能否理解？在沒有後送單位持續追蹤的狀況下，報告上的建議又有多少能真正落實？」

這些心聲呈現出：要決定孩子未來的生活，是一件多麼不容易的事！然而，就是因為有這麼多的拉扯與為難，更促使我們一定要將累積的經驗分享出來，讓社會大眾、訴訟當事人知道孩子夾在當中的感受。唯有大人們有一同的看見、一同來調整視角與作法，才能為孩子創造更多美善和更多可能。

這本書的誕生並不容易，雖然我們有想法、有經驗，但每個人都身兼數種角色，要靜下心來著手整理資料確實有難度；此外，也擔心限於文章篇幅無法周全描述，而造成讀者錯誤理解或片面引用。諸多難處讓出書這件事一直停留在討論階段，遲遲無法有下一步。

慶幸在兒少權心會理事長、秘書長的牽線下，邀請子瓔成為我們的寫手。子瓔透過訪談方式，將我們擔任程序監理人時處理過的案件進行彙整、改編，並將當中值得省思、討論、分享的觀點整理出來。

我們期盼透過一篇篇的故事，描繪出家事案件可能的樣貌，進而與讀者連結、產生共鳴。每一篇故事後的「關係處方箋」除了傳遞知識，也能為家庭注入不同的視角；我們也期盼透過經驗的傳承，讓新手程序監理人有參考資源，知道自己不是孤軍奮鬥。

本書一開始的「在聽孩子的聲音之前，先談談關係」，想試著先說明家庭裡的兩種關係——夫妻關係與親子關係——的維繫，讓讀者多認識夫妻溝通的方法、衝突後的相處以及如何好好陪伴孩子，最後若夫妻關係仍走上離婚一途，我們提供如何告知孩子的離婚原則、離婚後如何共同育兒以及其他相關資源。接著再藉「兒童的代言人：程序監理人」這一章，協助讀者們認識程序監理人的角色、立場和職責。

最後，這是一本以故事為主軸的書，我們冀望因此書的問世，讓孩子在父母離異過程中的心聲，有機會被理解與聽見。在此也特別聲明：為保護當事人隱私，本書的故事已經過改編並去識別化了。

〈前言〉

在聽孩子的聲音之前，先談談關係

兩人因相愛步入婚姻、一個新家庭誕生。往後的生活，會像童話故事那般「王子和公主從此就過著幸福快樂的日子」嗎？當然不會。來自兩個不同家庭的人要一起生活，難免會有分歧出現，當生活中出現意見分歧時，才正是兩人關係考驗的開始：

- 平常要怎麼溝通？
- 吵架之後要怎麼和好？
- 如果有了孩子，在育兒上有哪些要彼此配合的？
- 婚姻若走到了盡頭，該怎麼繼續扮演好父母的角色？

這些都是家庭關係的難題，讓我們一起來探究有哪些細節值得留意。

溝通一把罩

在家庭中需要討論的事還真不少，如：家務怎麼分工、孝親費怎麼規劃、要不要生小孩、需要添購什麼家電用品；有時候，甚至連幾點該上床睡覺都得溝通討論。

在這些事項中，夫妻難免會有意見分歧的時候，此時「如何對話」就顯得格外重要。因為一不小心會變成是在爭輸贏，鬧得不歡而散，導致原本的問題仍舊晾在那兒，甚至成為日後的禁忌話題。因此，溝通過程如果希望不破壞關係，甚至能拉近彼此的距離，讓雙方都能感受到被尊重、被愛，這樣的雙贏局面需要注意什麼？確實值得學習。以下整理出溝通時的「二要二不要」法則，幫助大家快速掌握溝通的訣竅。

一、溝通時要停、看、聽

「停、看、聽」技巧在溝通時是一種自我提醒，這個技巧能夠預防溝通演變成爭吵，畢竟溝通就是希望雙方能達成共識，如果還沒達成共識就演變成爭吵，不僅失去了溝通的目的，最後還變成互丟情緒火球，對關係造成傷害，甚為可惜。

「停、看、聽」技巧是適用在溝通時，如果發現雙方講話的聲音越來越大、語速越來越快，或是表情開始皺眉時，就需要派上用場。這時候可以先「停」下來，深吸幾口氣；「看」看對方的表情，是不是對方的情緒也在攀升當中；然後，為了讓這場對話先降溫一下，可以打開耳朵「聽」聽對方在說什麼，一味地自顧陳述，只想把自己想說的話說完，對於解決問題沒有太大的幫助。為了讓溝通從「聽我說」轉變成「聽你說」，可以試試看這樣開頭：「聽起來你覺得……」、「你想說的是不是……」。先把對方的情緒、需求聽懂，才能讓情緒降溫，好好進入協商。

二、**溝通時要聽你的，也要聽我的**

既然是「溝通」，彼此能夠協商、達成共識是最重要的目標。在商場上，我們談知己知彼、百戰百勝；而在「家」的場域裡，達成勝利的最後一塊拼圖總是「人合」。因此，在「聽你的」或是「聽我的」這二選一的選項裡，我們得不到真正勝利的答案。在協商的過程，如果能充分表達自己的想法，又讓對方感到被尊重、被理解，才是能夠維繫關係又能解決問題的雙贏。為了讓協商從「爭輸贏」轉變成「雙贏」，可以試試看這樣開頭：「我發現我們一樣在意……」、「你也覺得……很重要對嗎」。能夠在溝通中找出彼此都在意的元素，會有助於達成共識。

三、**不要翻舊帳，一碼歸一碼**

在溝通的過程中，很容易擦槍走火的就是把過去的不愉快像倒垃圾一樣通通倒出來，彷彿內心積怨已久。只要說出一句「你每次都這樣」，就很容易激怒對方，又使得這次的溝通失焦，而讓溝通無法持續。因此，要就事論事，不要扯進其他事而模糊了焦點。為了避免自己翻舊帳，要小心這樣的開頭：「你每次都……」、「你上次還不是……」、「你為什麼老是……」。

四、不要認為事情只有唯一解答、唯一觀點

溝通的「二要二不要」法則中的第二個不，談的就是不僵化，想法上的僵化態度，就是缺乏彈性與多元性的想法，認為事情只有唯一的觀點可以解釋；而關係上的僵化態度就是排除異己的互動模式，認為與自己立場不同就是錯的、應該被糾正的。為了避免自己陷入單一觀點，要小心這樣的開頭：「這本來就應該……」、「怎麼可能……」。讓自己更有彈性接納異己、尊重彼此，才能有一個好品質的溝通過程。

吵架後的關係修復

在溝通的過程中，難免會有擦槍走火、引爆地雷而產生激烈爭執的時候，此時多半會需要暫時停止、冷靜一下，快的話數小時、慢的話有時要經過好幾天才能消氣。只是同住在一個屋簷下，彼此怒目相向或相敬如冰的時間越長越不好受，此時該怎麼做才

得以鬆動互動的僵局呢？吵架後關係修復的能力我們分成「內功」（自我修練）和「外功」（關係修練）來介紹。

一、內功：自我覺察，釐清自己的需求

雖然關係裡的生氣、委屈、失望、傷心……等負向情緒是因兩人的爭執而來，但情緒的所有權仍是自己的，也就是說每個人的身上都只有自己的情緒，因此，自己的情緒還是需要自己來覺察和安頓。當自己被對方的話激怒時，可以先冷靜下來想想「我怎麼了？為什麼這句話會讓我有強烈的負面感受？」靜下來自我對話，幫助自己找出說不出口的需求或想法。例如：「其實我想說的是……」、「其實我需要的是……」。此時一定要先專注在自己身上，好好地陪伴、安撫自己，必要時向信任的親友傾訴。

二、內功：消除「讓步就是認錯」的迷思

不管爭執時兩人是砲火猛烈或是冷戰攻勢，在爭執後總要有一方先讓步、鬆動僵局，但讓步不代表認錯也不代表認同對方。例如夫妻為了要怎麼洗碗起了爭執，太太認為先生從頭到尾都開著水很浪費，但先生認為這樣才洗得乾淨；後來，太太讓步、不再堅持。這並非太太認同先生的理念，只是因為碗是先生在洗，所以她選擇尊重對方慣用方式，不再繼續爭辯。這個例子可知，讓步練的是自我控制、自我轉念的內功。

三、外功：先別急著把對方的言行解釋為惡意

在關係修練第一個步驟，就是避免太快地將他人的行為意圖作負向的解釋，也就是說當別人的作法、說法不如你期待的時候，不一定是要和你唱反調或故意惹怒你，還有很多種可能。例如：同一個「詞彙」的定義和解讀，每一個人都會有些差異，像是我「等一下」就會去洗碗，這個「等一下」是多久？有些人是五分鐘以內，有些人是手邊事情完成之後，因此對方沒有五分鐘內就去洗碗，不代表就是故意要拖延。

為了要正確理解對方這樣說或是這樣做的原因，與對方核對就格外重要，可以試著將聽到的內容用自己的話再摘述一次，以此與對方核對；也可以將自己看到的行為不帶評價地描述出來，詢問對方會這樣做的原因為何。例如：「我看到五分鐘過了，你還沒有去洗碗，怎麼了嗎？」

此時記得放慢語速，並且將重點放在「聽懂、看懂」，而非「評論對錯」上。

四、外功：主動釋出善意

兩人住在同一個屋簷下，冷戰不說話或是炮火猛烈地攻擊對方後，除了相處氣氛凍結，也影響自己在家的心情；既然還想維繫關係，當安頓好自己的情緒之後，是可以主動做些對方喜歡的事來示好的！主動示好並非是認錯或軟弱，反而是大方、勇敢的表

現。被示好的一方為了維繫關係也請不要高高在上，記得給彼此都有台階下。

五、額外提醒：在孩子面前吵，記得要在孩子面前和好

有時候夫妻忍不住在孩子面前吵了起來。在孩子的世界裡，這就像經歷了一場戰爭一般，心情會受到影響。過些時候，或許大人私下把話說開和好了，卻忘了孩子對這件事的記憶還停留在之前衝突緊張的畫面，此時大人不要忘了讓孩子知道爸媽已經和好了；如果兩個人可以在意見不同時仍然保有理性溝通，更可以在孩子面前示範溝通的歷程。透過爸爸、媽媽的示範，也可以讓孩子學習如何修復衝突的關係。

面對教養不同調

當夫妻成為父母後，產生摩擦的事件也跟著增加，「如何教養子女」是父母間常見的衝突之一。父母的教養態度與風格，會和過往自己原生家庭如何形塑自己、各種來源的經驗及成長背景等有關，因此發生教養不同調是很常見的。只是，要如何面對與另一半在教養上的不一致？

一、說明自己的想法，找出核心想法

當父母在孩子事務的安排上有意見、想法上的分歧時，可以用「為什麼我覺得……很重要」、「我會這樣做是因為我希望……」或「我其實是擔心……」來協助彼此找出自己在乎的核心。有時探索到最後，會發現其實雙方的核心想法是一樣的，只是在作法上有所不同而已。

二、**排除暴力、虐待等不當管教，請記得很多「教養方式」沒有絕對的對錯**

成為父母後，我們很容易複製過去自己被管教的經驗來養育孩子；很多時候延用上一輩的教養方式只是一種熟悉、習慣，並無對錯可言，例如：孩子要安排多少才藝課？放假的時候要做多少戶外活動等等。當遇到教養方式有差異時，可以先想一想，對方的作法會對孩子造成傷害嗎？如果不會，先讓自己的堅持稍微鬆動一下。如果自己是對的，對方的也不是錯的，那麼彼此包容與接納對方的教養方式是重要的。當然還是要找機會針對自己在意的點進行溝通，形成彼此都接受的共識。

三、**讓孩子從中認識差異，進而練習思考並尊重差異**

在教養不同調中，父母可以透過對彼此差異的尊重讓孩子知道：父母都愛孩子，但這份「愛」可以有不同的呈現方式。不同的人會有不同的作法和想法，只要能展現尊重並良好溝通，這樣的差異並不會成為關係的阻力。透過示範、說明，讓孩子可以練習思考，並表達自己的想法；同時也能在這樣的過程中，學習尊重和自己想法不同的人。

四、較嚴格的一方，要說明自己設立規範及禁止的原因

父母管教不一致時，孩子容易選擇與寬鬆的一方親近，畢竟大多數的人都不喜歡被約束、被管，因此，較嚴格的一方要清楚說明自己設立規範的原因，不要單單只是限制孩子的行為而已。舉例來說：爸爸和媽媽對於飯前可否吃零食有不一樣的看法，媽媽認為飯前不可吃零食；爸爸則認為吃一些零食無妨。此時，媽媽要能夠說明自己禁止的原因，例如擔心吃不下飯、零食有太多添加物……等，也要讓孩子知道，媽媽能夠接受當爸爸自己照顧孩子時，孩子會吃比較多的零食；而爸爸也要尊重媽媽的堅持，減少飯前零食的量。

陪伴孩子的原則

孩子出生後，不單單只是讓他吃飽、喝足就會長得好。從過去很多的實驗中——如「恆河猴實驗」[1]、「腓特烈二世的語言實驗」[2]——都證實孩子需要且渴望「被陪伴」的。然而父母在陪伴的過程中，要如何互動才能有好的陪伴品質呢？

一、專心陪伴，和孩子產生情感的連結

理想的陪伴是能感受孩子的情緒，且適時地給予言語或肢體的回饋，讓孩子知道自己是被在乎、重視的。因此在陪伴孩子時，請父母暫時先將手機、工作、家務放下，將焦點放在和孩子的遊戲上。此外，也可以找尋和孩子共同的話題或遊戲，增加陪伴時的樂趣。

二、接納孩子的特質，看見孩子的亮點

父母的評價或看法，對孩子有很大的影響，因此不論孩子的性格、特質是否符合自己的偏好，被父母接納且由衷賞識的孩子，才能看見自己的優勢，發揮自己擅長之處，接納自己的可能限制，勇於做自己。

三、**面對好奇，陪孩子一起探索、找答案，為親情加溫**

當孩子出現好奇時，父母可以不急著給答案，而是用孩子的步調、想法去探索可能的答案，而非直接給答案。例如孩子問「樹葉都是綠色的嗎？」父母可以引導孩子思考，需要做些什麼來找答案，並陪著孩子一起觀察、探索，一起分享討論過程中的發現。讓孩子練習凡事思考、不是只被動接受訊息的學習方式，可以培養孩子解決問題、獨立思考的能力，更重要的是和孩子「一起」的過程，可以為親子的情感加溫。

四、管教孩子的行為前，先安頓孩子的情緒

有時孩子因為有情緒而出現沒了分寸的行為（如：生氣打人、捨不得結束遊戲而賴著不走），此時，父母可以先同理孩子的感受，說出孩子做出這些行為的可能情緒，以及產生情緒的原因，讓孩子知道自己的情緒是被理解的。當孩子有機會覺察及辨識自己的情緒，甚至將之說出來，就能緩和一部分的情緒了。如果孩子的情緒能在管教的過程中先被理解與接納而安頓下來，接著給予孩子行為規範時，孩子也較能學習遵守規範的。

五、如果孩子出現不恰當的言行，先理解再規範

當孩子說了或做了一件爸媽不認同的事（如罵髒話），爸媽在指責、禁止前，可以先理解孩子這麼說或做的原因，避免以「為什麼」做為句子的開頭，這樣的問法容易讓孩子感到被質疑而不敢說出真正的原因，可以試試看問孩子：「發生什麼事讓你這樣說？」理解孩子行為的原因後，較能給予對應的管教，例如：孩子說髒話是覺得好玩，

1 美國心理學教授哈洛（Harry F. Harlow）一九五八年起，做了一系列「恆河猴實驗」。他讓幼猴離開媽媽，分別擺放一個提供奶水、冰冷鐵絲做的媽媽，和一個沒提供奶水的柔軟絨布媽媽。結果發現，幼猴百分之七十到八十的時間都和絨布媽媽相處，只有飢餓時才會跳到鐵絲媽媽身上喝奶。

2 腓特烈二世下令選擇了一批健康的嬰兒在皇宮中扶養，命令保母們不可與嬰兒說話、不可與嬰兒有目光交會，也不能擁抱撫摸他們；當嬰兒哭鬧與笑的時候，也不許理睬他們，只能在時間到了給奶喝。結果，所有的嬰兒都在還沒有開口說話前便全部死去。

或是因為學了別人，又或是想要表達對對方的生氣，不同的原因後續會給予孩子的管教策略當然也不同。

育兒路上的自我照顧

一旦成為父母，很多習慣都會因為有了孩子而改變，如：社群網站放的是孩子的照片，不再是自己的；買的衣服全是孩子的；甚至也有父母完全放棄自己的興趣、忘了夫妻間的情感交流。父母在關注孩子的過程中，漸漸忘了自己的需要及自己的其他角色。在長期忽略自己的狀況下，容易疲乏、耗竭；若忘了自己其他的角色，也可能因此失去重要關係的支持。所以刻意安排自我照顧及經營其他關係是必需的。平時可以怎麼做呢？

一、「父母」只是一個角色，還是要保有自己的名字

一旦有了孩子之後，父母的社交生活常是以孩子為中心，在稱呼上變成「我是XXX的爸爸／媽媽」，自己和孩子變成是一體的，父母沒有屬於自己的名字與位置。當父母提醒孩子每個人都是獨立個體的同時，請記得也要以身作則，要把自己找回來，讓自己不單單只是XXX的爸爸／媽媽，同時也是某某某。

二、允許自己與孩子犯錯

教養子女時，父母當然要思考該作法對子女的可能影響；日常言行也留意要當孩子的模範。然而，人非聖賢，總有做錯、挫折的時候，父母不必過度擔心而綁手綁腳。適當放鬆真誠過日子；發現錯誤時，能勇敢面對處理、修正改善，反而更像真實人生。孩子挫折時，父母也同樣地能陪伴孩子一起面對，遠比做一個完美無缺的父母重要。若偶爾讓孩子看到父母也會犯錯、需要道歉，也需要處理或修正錯誤，可能會降低孩子對失敗的害怕，並且學習在適當評估可行性後做出其他的嘗試。

三、覺察自己的耗竭

父母要時時覺察自己的狀態，當發現自己變得不耐煩、看什麼都不順眼，甚至開始對孩子大小聲時，或許就是處在耗竭邊緣了。這時候記得找個空檔停下來，給自己一點點獨處放鬆的時光。

四、找到充電、照顧自己的方式

父母狀態不好時，很難給孩子好的照顧品質。或許可以忍住不說什麼，但孩子可以從肢體、氛圍中去感受到父母的情緒狀態，因此父母要刻意放鬆自己、維持充電，這種態度不只是照顧自己，也是在照顧身邊重要的人。經營家庭中的重要關係（如：夫妻關係），可帶來彼此的支持；父母快樂健康，才會有快樂健康的孩子。

父母和孩子說明離婚時需掌握的原則

如果夫妻關係真的走到盡頭，「父母」這個角色不會因為婚姻關係的結束而跟著消失。因此，除了要調適自己的心情外，同時還要負起父母對於孩子該承擔的責任與義務，這絕對不是一件容易的事情。

或許有些父母會選擇什麼都不說，認為久了孩子就習慣了，或是大了就明白了，但這在孩子心中，只會產生很多猜測，增加了他們的不安全感。因此，向孩子說明「父母決定離婚」是很重要的事。

告知的過程並不輕鬆、簡單，所以父母不需要苛求自己在孩子面前要表現得多完美，有時候父母的自在、真誠，反而能幫助孩子在當中坦露自己的感受與想法。下面原則可以提供父母參考。

一、**依據孩子不同的年齡層、成熟度來說明**

要依據孩子的年齡、對於語言的理解程度，選擇用孩子能明白的方式進行說明，如：國小以下的孩子，可能不懂什麼是「離婚」，此時就能用「爸爸、媽媽之後不會住在一起」來代替「離婚」一詞。其他更細節的注意事項，可參考第六章「沒說出口的話」的「關係處方箋」內容。

二、不隱瞞孩子已經知道的事，並創造一個可以開放談話的氛圍

若孩子已經知道父母離婚的原因、爭執的內容，此時，不需要幫對方或自己圓一個漂亮的理由，不需要將重點放在細節的說明上，也應避免只有單方面的說法，判定一方絕對的對錯，而全然否定一方的價值。這時候的重點在於營造一個讓孩子能提出疑問、表達內心想法的氛圍，父母可以藉這個機會聽聽孩子的感受，也能澄清孩子心中的誤會。

三、試著了解孩子的擔憂，並給予愛和照顧的保證

孩子在面對變動時，常擔心自己會不會被丟下？也擔心爸媽是否就不愛自己了？甚至認為父母離婚是自己的錯，或是想著自己能做些什麼來挽回父母的婚姻。孩子內心充滿著複雜與焦急的情緒，因此，父母可以花些時間來了解孩子的擔憂，讓孩子知道父母的離婚與孩子的表現無關，並反覆地給予愛和照顧的保證。要記得這些保證是需要反覆、持續不斷地說，且穩定做到關愛及照顧，如此才有機會讓孩子健康地成長。

四、告知孩子未來生活可能的變動

面對不確定的未來，會引發人的不安與焦慮，因此需要明確地讓孩子知道未來會如何變動。若孩子能表達意見，父母也可以聽聽孩子的想法、期待，給予適度的空間讓孩子能參與某些事情的決定，並且要讓孩子有時間與現在熟悉的人、事、物道別。

離婚後，父母如何共同育兒

夫妻離婚後，彼此在法律上已無任何的關係，但因為同是孩子的父母，對孩子仍有照顧的責任與義務；即便雙方在離婚前對孩子的照顧分工已有明確的共識，但生活中總是會有突發狀況，因此很難完全不與對方聯絡、溝通。

為了讓孩子不受到波及，能穩定、健康地成長，父母該如何與一位自己不想再有交集的育兒夥伴共同育兒呢？

一、討論孩子的事務時，父母要暫時放下彼此的恩怨

離婚後，很難的一件事就是把「父母」與「夫妻」角色分開來看，很容易因著關係中夾雜的恩怨，對對方做出極端而絕對的評價，如：對方對婚姻不忠就等於不愛孩子，因此認為對方沒資格探視或照顧孩子。

此時，需要先暫時放下對方在夫妻角色時的所作所為，思考要怎麼做才可以減少孩子因父母衝突而產生的情緒壓力，不被忠誠議題困擾，也不會中斷與父母任何一方的關

係維繫。父母需要提醒自己把焦點放在孩子的生理、心理需求上，才有辦法把恩怨擺在一旁。這時可以試著想一想：「在孩子的眼中，對方是個什麼樣子的父母？他們有過什麼好的相處經驗？」以及「孩子可以愛著我也愛著對方，同時也被我們愛著，孩子才是幸福的，而我可以怎麼做呢？」

二、彼此之間要保持一定程度的友善

「當不成夫妻，還可以是朋友」，這句話說得容易，實際上要做到是要下功夫的。畢竟最後必須走到分離，過程一定受了不少的傷、流了不少的眼淚。要放下傷痛不是嘴巴說說就可以，尤其是被離婚的一方，要走過這些傷痛的日子，確實需要時間。

只是孩子的事沒辦法等大人的傷好了才溝通、處理；在這樣療傷的過渡期，與對方接觸前是需要幫自己找到可以接受的方式，如：設定好自己可以和對方接觸或聯繫的時間與方式（當然並不適合完全不聯繫）、找合適的親友陪同、文字訊息請信任的親友幫忙過目再傳等，以穩定自己的情緒、做好理性溝通。這是為了不讓孩子夾在中間造成很大的心理壓力與負擔。因此，對彼此的友善行為，是值得練習的功課。

三、請接納孩子在過程中的情緒

在父母離異的過程中，孩子難免會有情緒，尤其是在會面前後，孩子常會變得較煩躁不安。會面前，同住方可以給孩子鼓勵和保證，讓孩子不用擔心去了之後自己會生氣；會面後也不要主動問會面的細節，讓孩子自在分享，或給孩子一點獨處的時間和隱私。會面的過程中，探視方需要包容對待，不要責難孩子的情緒或態度，重點是要讓會面過程有品質、有趣，給孩子有轉換心情的空間。

去哪裡找資源？

面對關係問題，要靠自己找出解套方式確實有難度，當事人常會陷在情境中而難有其他的視角、思維，此時需要和他人討論、諮詢，藉由第三者不同的視角，給予不同思維與看法。在本章的最後，提供了目前現有的資源。

一、婚姻中的諮商資源

當發現夫妻關係或親子關係在溝通、互動上有些阻礙時，可以透過個別諮商、夫妻諮商、親子諮商或家族諮商等方式，讓心理師運用專業的智能來協助處理關係上的議題。可洽詢各縣市的心理衛生中心，詢問當地心理諮商資源，或是上網搜尋「各縣市心理師執行通訊心理諮商業務核准機構」，於衛生福利部心理健康司下載核准的心理機構列表，從列表中找尋適切的心理治療所／諮商所。

每位心理師都有不同的專長，也會因心理師資歷不同、諮商類型不同而有不同的收費標準，去電時需確認、核對清楚，較能夠找到合適的心理師。

二、有意離婚或已離婚的資源

若夫妻有意離婚或已離婚，然而在離婚事宜或孩子會面、生活安排有相關困擾需他人協助時，亦可尋求資源協助。

衛生福利部社會及家庭署於二〇二〇年開始推動「社區式家事商談服務實施計畫」，針對有意離婚、離婚中、已離婚或分居中之父母提供家事商談、心理諮商、未成年子女會面交往、親職講座等相關服務。各縣市辦理的詳細資訊，可去電各縣市的社會福利服務中心洽詢。除此之外，心理治療所／諮商所也可以提供雙方或孩子相關的調適諮商。

三、其他資源

在衛生福利部社會及家庭署網站的「家庭支持」裡，也有許多家庭可使用的資源，如：全台托育中心、親子館名冊、育兒資訊等，在該網站的「育兒親職網」裡，有許多育兒的相關知識課程可供社會大眾線上觀看，讓父母知道如何照顧孩子，以及如何與孩子建立良好的互動關係。

名稱	電話	服務說明
張老師專線	1980	任何生活大小事的心情抒發
家庭教育諮詢專線	412-8185 (手機請加 02)	提供家庭問題、婚姻溝通、親子關係等諮詢輔導服務
男性關懷專線	0800-013-999	提供男性訴說心情、討論其困擾及法律諮詢
哎唷喂呀兒童專線 (兒童福利聯盟)	0800-003-123	服務 12 歲以下的小朋友 小朋友可以來電分享心情、煩惱、生活大小事
踹貢少年專線 (兒童福利聯盟)	0800-001-769	服務 13 至 18 歲的青少年 傾聽少年需求，討論所面臨的問題，協助抒發壓力，並引導、陪伴面對困難

此外，也有家庭成員可以使用的電話專線（如上表）。期盼透過這些資源，讓家庭中的每個成員都能有被照顧的機會。

第一章

兒童的代言人：程序監理人

當夫妻婚姻結束、無法繼續同住時，大人好處理，行李收一收再找個地方安身就好；但還需要被照顧、繼續發展中的孩子，該怎麼辦？

此時常出現的狀況是：父母基於不信任對方的照顧能力、或是認為對方不配擁有孩子，而爭著要和孩子一起生活，誰也不想退讓。但孩子是人、不是物品，無法切開一人一半。在這樣的處境下，說有多為難就有多為難。

父母爭執不下、狀況越演越烈時，只好透過法院討公道。此時，父母為了達成自己的期待，書狀上呈現的內容多半是「對方有多麼不適任、不負責任」，期待以此凸顯孩子應該和自己同住。

與這個家庭素昧平生的法官，要依著父母各自提出的證據及法庭上的論述，來判斷何為孩子的最佳利益，著實為難。但若要聽取孩子自己的意見陳述，以法庭的程序與專業性來看，確實不容易在短時間內讓孩子自在開放地表達。

為了確保法官做出「更充分考量孩子最佳利益」的裁判，無法單憑在法庭上的所聽所聞，還須借助「專業人員」在法庭外的協助。於各方努力下，才能把這個家的樣貌看得較全面些，也才有機會做出對孩子較適切的安排。

這些「專業人員」可能是社工、家事調查官或程序監理人，每個人都有不同的角色與職責。因本書的敘事是從「程序監理人」的經驗出發，因此以下將介紹程序監理人的角色與任務。

程序監理人的誕生

在「家事事件法」制定之前，家裡的大小事若需交由法院處理，依循的是「民事訴訟法」或「非訟事件法」。然而家裡的事情牽扯到血緣、情感，與一般的民事案件大不相同，多數是沒辦法用「證據」來處理的，很多時候也沒有絕對的「對與錯」；更重要的是，這些「決定」會大大影響到訴訟當事人之外的主要家庭成員，特別是孩子的未來生活。

一些民間團體看見法律不完善之處，認為確實需要為「家」來制定、整合適用的條文。在長期倡議、歷經多次開會後，於二〇一二年制定了家事事件法，並於同年六月開始施行。

家事事件法第一條就點出本法立法的精神與特色，是「為妥適、迅速、統合處理家

3 法條上規定程序監理人所服務的對象並非僅是「未成年子女」，然因本書是以有子女的離異家庭為主軸，故以離異家庭的視角來撰寫程序監理人在當中之角色、功能。

事事件，維護人格尊嚴、保障性別地位平等、謀求未成年子女最佳利益，並健全社會共同生活」而制定，因此為了更客觀、專業的評估受監理人[4]的最佳利益，家事事件法設立了「程序監理人」的制度。很特別的是，「未成年子女」被凸顯出來，讓大眾看見他們是獨立的個體，不再是、也不該是父母的附屬品，「孩子的聲音」是需要被聽見的。

法條上規定程序監理人是需「具有性別平權意識、尊重多元文化，並有處理家事事件相關知識」的背景，他們透過訪視、會談、觀察，以報告、建議來維護孩子的最佳利益，讓孩子真實卻沒有說出口的聲音，能真正地被聽見。

然而，因程序監理人並非從官司開始就介入，因此被法官選任時，需要透過閱覽卷宗來了解家庭概況、案件的來龍去脈，以及取得父母聯繫方式，進行後續深入的訪談及觀察，才能評估這個家庭可能需要的協助[5]。

當程序監理人了解大致案情後，會與父母聯繫。程序監理人會讓父母明白自己的角色是盡可能創造一個平和的氛圍，讓孩子能自在分享家庭變動過程中的感受、想法與期待。

程序監理人訪視前，會和父母溝通如何介紹程序監理人較適切，父母不需要先教孩子訪視時該怎麼說。程序監理人訪視時，也會依著孩子的年齡，來調整會談進行的方式[6]：二至三歲以下的孩子，程序監理人會以遊戲的方式來互動及觀察，並在過程中提問一些問題，藉此了解孩子的感受。國小以上的孩子多半可以清楚表達自己的想法和期待，因此程序監理人會以會談方式進行，有時候亦會視狀況將會談場地安排在讓孩子較無壓力的地點，如家附近的咖啡廳、學校，以利孩子說出自己真正的期待與想法。

另外，現今很多家庭都是雙薪家庭，父母都有工作，白天陪伴孩子的常是保母、老師或其他親屬。因此，程序監理人也會視法官選任書的內容，評估並與父母討論是否訪談相關人等[7]。

然而，程序監理人的報酬並非包含在訴訟費用中，需當事人額外支付，除非是法院認為有必要由國庫墊付才會由國庫代墊[8]。

4 在本文中指的是未成年子女。

5 家事事件法施行細則第24條：程序監理人得向法院書記官聲請閱覽、抄錄或攝影卷內文書，或聲請付與繕本、影本或節本。

6 家事事件法施行細則第26條：程序監理人應以適當之方法，依受監理人之年齡及所能理解之程度，與受監理人會談，並告知事件進行之標的、程序及結果。

7 家事事件法施行細則第27條中：法院認有必要時，得令程序監理人與受監理人之法定代理人、家屬及其他生活中關係密切之人會談。

程序監理人的角色與任務[9]

在親權（俗稱監護權）案件中，很常見到的狀況是孩子說法會變動、反覆不一，例如在爸爸家就說不喜歡媽媽，想和爸爸住；在媽媽家就說不喜歡爸爸，想和媽媽住。因此很難只依循孩子的口語表達來確定其真實意願及最佳利益，此時，就需要程序監理人的深入了解。

此外，若父母關係不佳，且時常在孩子面前詆毀對方，孩子也容易出現「忠誠現象」。此時，即使父母、法官同意讓孩子出庭表述，但孩子表述的意願不見得是內心真實的想法；同時也很難避免在事前、出庭時及事後帶給孩子很大的壓力。孩子若表示要自行出庭表達意願，程序監理人可協助向孩子說明可能程序，為他做出庭準備，並請法院作相對應的安排。

最後，官司是一時的，總有一天會結束，在官司結束後如何幫助孩子有機會且按著適切的方式和父母雙方維繫親情，對孩子、父母都是重要的。因此，程序監理人也會在報告中提供未成年子女未來會面交往的建議方案，供法官參考。

程序監理人的心聲

雖然法律上已設立了程序監理人這個角色，盡可能地維護孩子的最佳利益，只是官司結束後，台灣目前並沒有任何的後送單位可以協助確認孩子後續的適應，也沒有單位進行後續追蹤、確認會面是否順利或仍有困難。

因此，為了讓孩子身心能健康地成長，仍需靠父母平時主動吸收心理健康相關的知識，先照顧好自己，才有力氣照顧子女，如此也才能經營良好的家庭生活。本書的案例故事，以及每個故事最後的「關係處方箋」，就是我們的滿滿心意：提供一些建言、一些專業知識，以及深深的祝福。

---

8 程序監理人選任及酬金支給辦法第13條：法院裁定程序監理人酬金，應斟酌職務內容、事件繁簡、勤勉程度、程序監理人執行律師、社會工作師或相關業務收費標準，每人每一審級於新臺幣五千元至三萬八千元額度內為之。第15條：法院認有必要由國庫墊付程序監理人酬金之一部分或全部時，承辦書記官應將承審法官所酌定之數額，由科長、法官、審判長審核，並經會計室簽註意見報請院長或其授權代簽人核准後，由法院經費內墊付。

9 家事事件法施行細則第29條之規定，法院得命程序監理人針對某些特定事項，以報告或建議方式，提出其專業意見。下列按法條規定，以與列舉說明：(一)受監理人對於法院裁定之理解能力。(二)受監理人之意願。(三)受監理人是否適合或願意出庭陳述。(四)程序進行之適當場所、環境或方式。(五)程序進行之適當時間。(六)其他有利於受監理人之本案請求方案。(七)其他法院認為適當或程序監理人認為應使法院了解之事項。

第二章

一個朦朧不清的家

「媽，妳幫我看看。穿這件好不好？」文琪穿著小洋裝，在鏡子前左右擺動。

「好啦！很漂亮，妳趕快出門，就快遲到了！」媽媽一邊洗菜一邊提醒著。

千里姻緣一線牽

這是文琪和士勇的第一次見面，也是他們第一次約會！他們認識的過程很特別。大約一個月前，文琪阿姨住的地方舉辦里民郊遊，文琪阿姨約了文琪媽媽一同參加；士勇的父母和文琪阿姨住在同一里，也參加這次的郊遊活動。

吃飯時，文琪的媽媽和阿姨剛好和士勇的父母同坐一桌，閒聊時都提到自己正為兒女沒有對象一事傷腦筋。文琪阿姨在旁敲邊鼓說：「你們介紹他們彼此認識啊！年輕人多交朋友沒什麼不好。」雙方父母都覺得有道理，於是互留了聯繫方式。

文琪和士勇沒有排斥父母的安排。然而文琪住台中、士勇住高雄，二人只能先透過線上聊天認識彼此。文琪常和士勇分享她看了哪些很棒的旅遊節目，幻想自己有一天也要環遊世界。士勇覺得文琪很有趣，有這麼多天馬行空的夢想，而且思維、邏輯和自己很不同。文琪需要聽眾，士勇剛好是個帶著崇拜目光的好聽眾。

二人互動越多關係越親近，對彼此的好感也越來越多，終於他們決定交往。

這天一早，士勇坐車北上找文琪；士勇相當緊張，因為這是他第一次單獨和女生約會。他上網查了一下網友們對第一次約會的小建議後買了一束玫瑰，在台中火車站等候文琪的出現。這一天，他們去了遊樂園玩。

在木訥的士勇眼裡，文琪像個小公主一樣，活潑、天真、開朗；有文琪在的地方歡笑聲、驚喜不斷，士勇愛極了眼前這位女孩。另一方面，士勇書讀得多，簡直是一本活字典，文琪眼裡充滿了對士勇的崇拜。

這一天的時間過得特別快，讓士勇、文琪意猶未盡。

士勇白天任職保險公司，負責理賠工作。晚上則是到推廣教育中心進修，通常回到家都已過晚上十點了。士勇可以聊天的時間不多，讓文琪特別期待約會見面的時光。

第四次約會時，他們決定去墾丁。文琪一早就到高雄和士勇會合。白天在山明水秀的美景下歡度，晚上則是買了一堆下酒菜和啤酒回民宿慶祝；二人就在這美好的氣氛下發生了親密關係。過了二個月，文琪發現生理期沒來，到藥房買了驗孕棒才發現自己懷孕了！文琪焦慮不安地傳了訊息告訴士勇這件事。

「Honey，怎麼辦，我懷孕了！現在要怎麼辦？我要怎麼跟我媽講？」文琪傳出訊息後約過十分鐘，士勇回傳訊息了。

「嗯，我週末帶我爸媽北上和妳爸媽見個面。我現在工作穩定、在高雄有房子，我們可以先登記結婚，妳搬下來跟我一起住，等到孩子滿月時，我們再補辦喜宴。這樣好嗎？我會對妳負責到底的。」從文字中可以看見士勇的堅定。

故事才要開始

士勇依約和父母北上拜訪文琪的家人，雙方父母再次見面就如同老朋友相聚一般充滿歡樂和笑聲。看見士勇和文琪如他們所願地在一起，而且文琪懷孕、二人又打算結婚，這正合父母們的心意。一個月後士勇和文琪登記結婚，文琪搬到南部和士勇同住。

兩人同住時，才發現彼此的「用錢價值觀」落差很大。

士勇是家中經濟的供應者，對數字有概念，每當要花錢時總是先來回想著是否真的需要、多方思考，確定值得花才花。文琪花錢很隨性，喜歡就買，對數字沒什麼概念，100元和999元同樣是三位數，是差不多的。兩人婚後常在金錢上發生口角。不過，士勇認為自己要負起家庭責任、也對文琪承諾過，只好自己拚命省，盡可能開源來滿足文琪的物質需求。

三個孩子陸續出生。老大佳綺和老二佳惠差兩歲，老三是兒子家俊，和佳惠差四歲。文琪婚後全心全意地在家照顧兒女，閒暇之餘最大的樂趣就是看旅遊頻道和逛網拍。

文琪的開銷大，士勇因為投資獲利不少，因此還能應付；只是看著家中一堆又一堆的紙箱及物品，士勇常搖頭，但也不知該怎麼說，文琪才會節制一些。

不過，文琪很能回應三個孩子的需求、能很快安撫孩子，這是士勇欠缺的；因此士勇也很欣慰能有一位互補的伴侶。

「爸爸，你看，這是我和姊姊畫的圖。」家俊見到士勇回家，很開心地和士勇分享。

「喔！家俊好棒。」士勇站著看完就走到客廳。

「爸爸，你回來了！媽媽今天帶我們去家樂福買養樂多喔！」佳惠開心地跑向士勇，正準備要黏在士勇身上撒嬌時，「爸爸工作一整天，還沒洗澡，妳先去找媽媽」，士勇阻止了正要靠近他的佳惠。佳惠愣了一下，低聲回應「喔！」就轉身去找文琪。

士勇並非不愛孩子，只是他不知道該怎麼與孩子互動。看著轉身離開的佳惠，他心想：「啊！我是不是拒絕得太快了？佳惠會不會難過？」

士勇懊惱想著到底要怎麼和孩子們互動才得宜？似乎只有養在客廳桌上水缸裡的烏龜，才讓士勇沒有挫折感、容易平靜下來。

【關係停看聽】

當佳惠興奮地想和爸爸分享今日點滴，得到的卻是「拒絕」的回應，佳惠會怎麼看、怎麼想呢？

一趟旅程，重啟夢想

在佳綺國一那年暑假，文琪突發奇想地告訴士勇，她想帶三個小孩到澳洲找表姊。文琪不按牌理出牌的行徑，士勇已是見怪不怪了，但四人機票將近十萬元，並非小數目，士勇列出一個月旅程的開銷給文琪看，期待文琪因此打消念頭。

文琪認為吃、住在表姊家，已經省下不少錢，而且出國是讓孩子增廣見聞，也能增加同儕之間的話題，這種錢不能省。士勇說不過文琪，也明白文琪已下定決心，也就沒再多說什麼；文琪如願地帶著三個孩子去澳洲探親。

文琪有好些年沒見到表姊。文琪和表姊看著過去的照片，聊起學生時代的夢想，文琪才想起她和表姊都曾有過出國留學的夢想。如今表姊夢想成真，而她為了家庭竟然遺忘了自己曾有的夢！文琪下定決心要留學澳洲圓夢，她認為只要有心一定可以達成。

返台之後，文琪不斷向士勇表達想帶著孩子出國留學的想法，原先文琪期待舉家遷移，但看士勇興趣缺缺，就退而求其次「士勇可以待在台灣，文琪帶著孩子們前往」。文琪三不五十就繞著這個話題打轉，只是這次士勇堅決反對。

每當士勇拒絕，文琪就在腦中數算她在婚姻中的讓步。她單身時，就渴望能一邊旅行一邊拍婚紗，在喜宴中和嘉賓們分享婚紗照的故事。但因為突然懷孕、忙著搬家、適應新生活，及準備小孩的物品，婚紗喜宴都是生完小孩才補拍、補辦的。不要說旅行婚紗了，連一張外拍都沒有！全部都是在攝影棚裡拍完的。

再來，文琪夢想著能有自己的更衣間，裡頭放著衣服、包包、鞋子、飾品等，她出門能好好搭配、打扮。文琪曾經和士勇表達這個渴望，但士勇認為孩子多，家中空間有限，房間都是要保留給孩子們，實在沒有多餘的空間讓文琪拿來當更衣間。

文琪想著過去的夢想在結婚後一個個地破滅，一個人獨處時不知流了多少的眼淚。在佳綺高一那年，文琪心想「出國的事不能再拖，若士勇還是拒絕，她也累了。面對無法支持她圓夢的先生，繼續留在這個婚姻裡也不快樂。乾脆就離婚吧！」文琪期待能將這十多年為家庭付出的勞力換算成金錢，用這筆錢帶著孩子們出國。

有一天，文琪又開啟了出國留學的話題，士勇的態度仍然沒變，文琪不想再忍，終於說出：「我十多年來為這個家做牛做馬！當年是你要我把小孩生下來，說會對這個家、對我負責到底。我為了照顧孩子，犧牲了青春歲月。現在，孩子也大了，我不過就只是想圓夢，想帶孩子們出國留學，就被你這樣阻擋。那算了，我們離婚吧！你把這十多年來，我對這個家的付出換算成金錢給我，我用這筆錢自己帶孩子們出國。」

文琪流著淚，訴說著她內心的委屈。士勇聽到文琪的話也愣住了。

「妳不要這樣，我明天先匯給妳二十萬，妳可以讓孩子們下課後先去我爸媽那裡，我下班再去接他們。妳去弄頭髮、做臉、按摩，好好地放鬆一下，剩下的錢留著當家用。我不是不支持妳圓夢，只是出國留學是件大事，我們需要一步一步規劃、討論，妳也需要給我時間存錢啊！」士勇抱著文琪很誠懇地說著。

隔天，士勇履行約定將二十萬匯入了文琪戶頭。但過了一個月，文琪又開口向士勇要家用費。

「我上個月不是給妳二十萬了？妳這個月怎麼又跟我要錢？」士勇皺著眉無奈地問。

「那二十萬是我的精神撫慰金，我現在是在跟你拿家用錢。」文琪理直氣壯地回應。

士勇知道自己無法如此無止盡地滿足文琪的要求。認真思考幾天後，士勇告訴文琪，他沒辦法再繼續和她走下去，他同意文琪的離婚提議，只是錢的部分他需要再想一想。

當天，士勇從主臥室搬到離門口最近的房間——原本是家俊的小房間——不再和文琪同房。而家俊就輪流在士勇、文琪房間就寢。

離婚後，文琪以費用尚未算清楚為由，仍住在這個家；士勇對於文琪仍同住並無太多意見，只期待文琪能知道分寸。

文琪向士勇提出二種費用計算及支付方案：

方案一：一次支付全額。孩子出生後，每人每月二萬元，結算至孩子們目前的年紀，一共九百六十萬元。

方案二：分期支付。每月支付孩子們的扶養費，每人每月二萬元，支付到孩子們二十歲；每月給文琪四萬元的贍養費，支付到文琪過世。

士勇無法接受這二個方案。士勇認為：文琪若想先帶著孩子們搬出去，他可以負擔房租費用；文琪若是無法照顧孩子，他可以照顧。

兩人在金錢上始終無法達成共識，加上不斷爭吵，士勇忍無可忍向法院提出訴訟。

【關係停看聽】

當孩子回到家，面對的情景常是父母吵得不可開交，孩子會怎麼形容「我的家」呢？

夢幻母親vs務實父親

士勇在書狀上提出不少家裡環境雜亂的照片，社工訪視報告也是一般無二。

法官需要確認父母哪一方的主要照顧方式，較符合孩子們的身心健康發展所需，以及確認孩子們的意願，因此選任程序監理人（後以「程監」簡稱）介入。程監了解案件的來龍去脈，和士勇、文琪說明程監的角色及後續進行方式，並約了訪視時間。

程監依約拜訪，開門的是佳綺，佳綺請程監在客廳稍等，就進入房間收拾整理，以便稍後談話。文琪聽見佳綺招呼程監的聲音，從主臥室走了出來，熱情地向程監介紹家中環境。

程監觀看家中環境，確實如士勇拍照的狀況，客廳牆邊堆滿一個又一個、大小不一的空紙箱；客廳桌上散佈著一雙雙的免洗筷；客廳椅子則放了一堆散亂的衣服，看起來不像剛洗好的，反而像已經堆放在那裡很久了。

在電視與電視櫃的縫隙中，塞著一張佈滿灰塵的地毯。唯一較乾淨、沒沾染灰塵的是那個養著烏龜的水缸，從外觀看得出來有定期清理。

程監來到廚房，擺在桌上的是高級異國料理調味料，地上、冰箱更是堆滿有機食物，像是有機米、有機蔬果、有機蛋等。文琪一邊介紹，一邊說著「要給孩子們吃有機的，對身體才好，才不會有負擔」。文琪話音還未落下，佳綺就來到廚房告訴程監房間已收拾好，可以帶程監進去。

佳綺的房間空間不大，有個上下舖的單人床和二張書桌，佳綺說這是她和妹妹共用的房間。佳綺坐在下舖床上，程監坐在椅子上和佳綺談話。程監聊起佳綺的學校生活。

「我國中的時候，最喜歡和同學一起追星，我們每天下課都會討論自己的偶像。現在上了高一，沒認識什麼新朋友，上學還蠻無聊的，下課後我都坐在位子上滑手機。」

從佳綺的回答中可以看得出來她很想念國中生活。

程監接著和佳綺聊起了夢想的話題。

「我的夢想就是去澳洲留學啊！」佳綺很堅定地回答，這確實和社工訪視時取得的答案一致。程監進一步與佳綺討論夢想實踐的可能。

「我覺得只要我爸給錢就能去，現在就是因為他不給錢，所以還卡在這裡。」而語言、適應上，佳綺則是說：「雖然我現在英文只考10、20分，但我覺得在那裡大家都說英文，我可以很快就學會，而且我媽之前教過英文，我聽不懂的可以問她，我是覺得語言不是問題。適應環境本來就需要一些時間，在台灣、在澳洲都一樣，所以沒什麼好擔心的。」聽見這樣的回答，讓程監捏了把冷汗。想像和實際是有落差的！

談完夢想，就談到了父母離婚的事，以及佳綺對於居住的期待。

「他們有沒有離婚都沒差，像現在這樣離了婚還住在一起也很好啊！只要他們不要一直吵架，我爸能拿錢出來給我們去澳洲就好。如果說要分開住，就是我媽帶我們去住澳洲；除了這樣，我沒想到有其他的可能。」佳綺回應著。

程監與佳綺談完話後，原本在午睡的家俊也起床了，程監確認家俊願意談話，就進入士勇的房間，與家俊一起會談。士勇的房間比佳綺、佳惠的房間還小了點，只放了一張單人床，還有一張折疊桌椅。

程監和家俊會談時，發現家俊對於未來沒有太多的想像，與同學之間的關係也是普普通通，聽不出什麼特別興奮或難過的情緒。

問到澳洲留學一事時，家俊說：「我聽媽媽和姊姊說過，我覺得都可以。」問到爸媽若不同住，自己的期待為何？家俊說「我都可以，繼續住在這裡或搬出去都可以」。

程監發覺家俊很少有自己的想法與情緒，於是詢問了家俊與爸爸、媽媽的互動。家俊說：「如果我來爸爸這裡睡，爸爸會把床讓給我睡，他就鋪睡袋睡在地板上；媽媽房間的床比較大，如果我去媽媽那裡睡，媽媽就會跟我一起睡在床上。媽媽喜歡和我聊天，會問我在學校發生的事；爸爸會幫我解決問題，但我們不會聊天。」

在家俊心中，他和爸爸、媽媽有不同的事可以做，所以對他來說，沒有特別偏好與爸爸或媽媽同住。結束佳綺、家俊的訪談，程監道別後就立刻趕往佳惠的學校。

佳惠是學校排球校隊的一員，因程監來訪的這段日子，正落在佳惠緊鑼密鼓加強練習、準備比賽的時期，早出晚歸的佳惠期待程監能直接到學校訪談，避免她錯過練習。於是，程監到學校輔導室等候佳惠。

佳惠是個活潑、大方的孩子，和輔導室的老師們都熟悉，一進輔導室，可以很自在、熱絡地和老師們打招呼。老師安排一間會談室讓程監和佳惠進行會談。

一進會談室，佳惠不需要暖場就能侃侃而談。

「我媽就是很愛亂花錢，我每次跟她出去壓力都很大，都需要拉住她不要亂花錢。我覺得我爸也很奇怪，明明知道我媽這麼會亂買，還給她這麼多錢，然後自己很省。

「妳知道嗎？有一次，我媽生氣去住朋友家幾天，我和姊姊剛好參加學校的露營活動要帶毛巾，我跟我爸說家裡沒毛巾，我爸竟然把一條浴巾剪一半，說這樣就是毛巾，一人帶一條去。是不是超傻眼。

「然後，他的皮鞋都已經穿到脫皮，還捨不得花錢買新的，竟然用奇異筆塗黑，我真的被他打敗。」佳惠一邊說，還一邊比手劃腳。

程監見佳惠能自在分享家中事情及對爸媽的看法，於是詢問了澳洲留學夢及將來居住的安排。

「我沒有太想去，因為我現在是排球校隊，我球打得很好也愛打球，如果真的要去，我希望是能直接保送進澳洲學校的校隊，讓我能繼續打球。

「至於住的問題，我覺得現在這樣很好，雖然他們離婚了，但我們一直都住在這個家，已經很習慣了，如果父母離婚就有人要搬出去，我覺得並不公平。

「如果真的、真的、真的不能住在一起，那我應該會想跟我媽吧！雖然我媽愛亂花錢，但她的生活能力比較好，我才不會常常覺得傻眼。但不管跟誰住，都不能阻止我打球就是了。」佳惠義正辭嚴地說著。程監和佳惠訪談結束後，佳惠回到球場繼續練球。

【程監的視角】

孩子是透過父母來看世界、理解世界，因而形塑世界與自己的關係。這個看似完整家庭裡的三個孩子，卻是處在一個朦朧不清的環境中，孩子摸不著邊際卻又要想辦法著陸。雖說生命本來就是充滿許多不確定，但如果能有核心，至少我們還知道自己是誰、處在哪裡。只可惜能夠引領這三個孩子的爸媽，反而是在迷霧的中心。

喚醒父母親職角色的會談

結束了孩子們的訪談，程監也約了士勇和文琪個別訪談的時間。

程監和文琪訪談時，文琪仍是很堅定地表達要帶孩子們去澳洲留學。只是她知道這件事目前進行得不順利，所以會先租二個套房，帶著三個孩子搬離這個家。程監在過程中嘗試讓文琪明白現實和夢想之間的距離，以及孩子們真正的需要。

程監說：「離了婚，有些事物就需要做調整與取捨，孩子會從父母處理這些事情的過程中，學到金錢觀、處事觀。」程監鼓勵文琪開始記帳，列出每月實際的開銷，從中去檢視項目、金額的分配。

文琪聽完當下覺得麻煩，但沉默了一會兒，她又說：「我回想起這些年，唯一能想起來的就是自己不斷地向士勇要錢，但如今還是沒得到我想要的。我好像從來沒想過，這樣的過程孩子到底學到了什麼？我不要我的孩子只會當『伸手牌』。」

程監的一番話，觸動了文琪的心，為了孩子她決定要調整。

士勇平時沉默寡言，但聊起烏龜卻能讓他侃侃而談。程監從烏龜開啟話題，並帶入士勇怎麼看這個家、這些孩子。

「我是覺得我們家就不富裕，為什麼要給孩子這麼好的東西？」士勇無奈表示著。

當程監問起士勇的感受、平時抒發心情的方式時，士勇說：「我自己會看書學習，累的時候就看看我養的烏龜。我想心情的起伏會隨時間的流逝而淡化、重歸平靜，我覺得怎麼安排都是孩子的命。」雖說得平靜，但卻有著濃厚的沉重感。

程監將自己和士勇談話時的感受回饋給士勇，告訴他「其實孩子需要的並非是很好的物質生活，而是期待父母的傾聽與同理，像朋友一般」。這番對話似乎開啟了士勇的父職開關，原本無精打采的他，突然把頭抬了起來。

他感謝程監給予的回饋，知道自己可以怎麼做了。「靜靜地聽」對士勇而言不難；但在「傾聽與理解」上，士勇知道自己確實還需要加把勁。

在程監與文琪、士勇談話後，這對父母的態度開始有些鬆動。

文琪正視到自己需要搬離這個家，為自己的夢想做可能的努力，重新樹立自己在孩子們心中的形象，而不只是等待與要求士勇來滿足自己人生的期待。因此，她開始積極地找房子、找工作。

士勇知道他需要多參與孩子的生活，才有機會理解他們。因此，每當家俊到他房間寫功課時，他會關心家俊目前學校教些什麼。漸漸的，家俊也會開始和士勇分享自己學校的生活。

二個月過後，文琪總算找到一間二房一廳的房子，也在補習班擔任美語老師。文琪重新列出未成年子女照顧計畫，她打算自己帶著佳綺、佳惠到外面過生活，家俊則和士勇一起住在原來的家。她可以負責佳綺的開銷。士勇除了支付家俊的開銷外，每月還需支付佳惠扶養費二萬元及學校的所有費用，以及文琪在外租屋的房租費。

至於探視部分，孩子們可以自行和不同住的父母聯繫會面時間。士勇看了文琪重新擬定的條件，知道文琪成熟了，這些條件也是他能負擔的。於是，二人在律師的見證下進行了公證，同時士勇也撤回訴訟。

過了幾個月，生活安頓好後，文琪傳了訊息給程監：「我現在和女兒過得很好，也找到了其他重心，是不是去澳洲生活，就之後再說吧！」程監看著訊息內心無比安慰，期待士勇和文琪雖然沒辦法以夫妻的角色共同養育孩子，但能繼續地像夥伴一般，彼此合作將孩子扶養長大。

▼關係處方箋

▼在全有和全無當中，尋找可擴充的灰色地帶

人與人之間，常因性格上的不同而產生吸引力。我們常常會在他人身上尋找自己沒

有的特質；喜歡上的往往就是自己欠缺的部分。可惜的是，也常因著自己的欠缺，不知如何掌握適切的互動方式，往往那個當初吸引自己的部分，最後也成為衝突的來源。

文琪為何堅持帶孩子留學？是因為她意識到自己為了家庭，捨棄太多從前的夢想；也或許她想成為一位好媽媽，盡可能讓孩子的成長階段有不同的經歷、涉獵；若士勇能理解文琪堅持圓夢的背後、那份為孩子著想的信念，或許可以表達「不是反對圓夢，而是需要討論可行的圓夢方式」，是否先從遊學開始，或是一次不要三個孩子都出去等等，而非全盤接受或全盤否絕。如此一來，後續的發展或許會有所不同。

只是文琪和士勇的性格像是線的兩端，一個夢想派、一個現實派，要他們在壓力下去看懂對方，是有難度的，此時需要專業人員的介入。

文琪、士勇在生活上有很多分歧的看法，但又很少做相關溝通，這些癥結長期堆疊下來，從孩子的描述中可以看得出這個家的問題——沒有凝聚力，大家不是各過各的生活，不然就是缺乏動力。

若能幫助文琪提升現實感，也讓士勇減少失控的不安，或許有機會發展出一套合作模式，這樣就有轉寰的空間。例如：士勇較在意金錢，因此訂出一次付出金錢的上限，當計畫超過金額上限時，就需要討論變通方式。而程監的介入，就是嘗試幫助雙方擴充可能的變通方式，及鬆動固有的認知。

程監幫助士勇看見孩子需要的是能傾聽、理解自己的父母，讓士勇不再圍繞著錢打轉。程監幫助文琪去思考，孩子從自己的所言所行學到了什麼，讓文琪願意將眼光拉回到現在。

當思考層面變廣，選擇變得多元，也就有更多的彈性。

不論結婚多久，若能時常保有男女朋友時期彼此欣賞的樣態，當有衝突時，先回想過去自己是怎麼欣賞對方的，再回頭來看對方的要求、期待，或許就能多一份同理。同理不是意謂著要放任對方、答應對方的所有要求，而是試著理解對方為何會有如此的要求。看見需求背後的真正渴望，同理就會更多一些。也因為被理解了，彼此的僵持就會少一些。

當家的氣氛改變了，孩子就有機會放心地自我探索，因而找到屬於自己的一片天。

▼若想藉著離婚搞垮對方，無形中就是傷害了孩子

離婚是否會傷害孩子，並沒有一個絕對的標準答案，重點在於同住在一個屋簷下的關係品質。士勇和文琪離婚後仍同住的期間，彼此都有許多不滿。文琪與士勇談話，就是要求士勇拿錢出來；而士勇面對文琪，能躲則躲、能閃則閃。彼此眼裡只有自己，沒有善意溝通，也沒有化解衝突的能力。

父母看起來似乎都是犧牲自己、替孩子爭取些什麼，但雙方的需求、價值觀並沒有提出來溝通、討論。同住在家中的每一個人，只是在空間裡頭擦肩，彼此的心卻是背對的。長久處在這樣的氛圍中，雙方都承受沉重的壓力。

這些畫面孩子又是怎麼看的呢？孩子看見父母各自有自己的選擇，但表象與內在不一致，孩子可能很難理解父母如此決定的背後，究竟有著什麼樣的內在歷程。

當孩子長期處在一個充滿矛盾的失衡狀態，內在很難維持安適，情緒上也容易有波動，甚至會因為長期努力受挫而選擇放棄，不再掙扎或改變。

佳綺是和媽媽站在一個陣線的。她承襲媽媽的夢幻，但想法空泛、缺乏現實感，聽不見屬於她自己的聲音、真正屬於她的未來樣貌。

家俊更徬徨。因為沒有方向，與自己的內在疏遠，無法判斷、難以選擇，一切只能都好，爸爸、媽媽他都好，自己被怎麼安排也都好。

佳惠把打球看得比一切來得重要，似乎藉由打球才能獲取生活的掌控感，就能遠離家裡的是非紛爭。

雖然孩子們都認為目前這樣的生活很好，但一灘死水的家庭樣態，無形中已經影響了他們的心。一個健康的家庭不是不爭執，而是在衝突後有修復、和好的能力。

此外，文琪雖然沒有醜化、否認士勇價值的行為，但因為全然站在自己的立場，孩子透過媽媽視角看到的家庭樣貌，認為爸爸應該滿足家人的要求，而沒有看見爸爸在外打拼的辛勞，是成就這個家的重要關鍵。

孩子在「媽媽的決定都需要爸爸來買單」這樣的身教上成長，將來孩子即便能夠試著說夢，也難以設定邁向夢想的每個步伐。因為成敗的關鍵不是自己的努力，而是寄託於別人的付出；在對自己與世界都欠缺現實感的狀況下，很難看見目標與現況的差距。慶幸在程監的介入後，文琪調整了自己，開始找工作、為生活負起責任，相信這給孩子樹立一個不同的榜樣。

士勇在家一味退讓，孩子看見漸漸式微的父親，孩子越來越不知道如何靠近；父親的無聲雖是避免衝突，但未能試著捍衛自己想法的姿態，也確實讓孩子感受到父親的無能。

士勇看見轉身離開的佳惠是有感覺的，或許他能嘗試告訴孩子自己當時的感受，並進一步說明自己擅長什麼、能給什麼，同時表達什麼是自己比較欠缺的，這樣才能減少彼此在互動中的挫折感。

慶幸在與程監談完話後，士勇找到與孩子互動時可以著力的部分，而非持續地關注在關係中的挫折與無奈。

離婚，讓彼此都在關係裡受了傷；不再繼續的是婚姻關係，但彼此都是孩子的父母。在婚姻中所受的傷，兩個人都需要療癒，必要時各自尋求專業協助，好好地長出新的力量。對方若因此倒下，自己的傷其實也不會好，看著這一切的孩子只會更茫然。

讓孩子看見分開的父母仍是身心健康的，如此的分開才會是共好。

第三章

好難為的會面！

「祥祥，你怎麼感冒又更嚴重了！爸爸是不是沒按時讓你吃藥？」
「祥祥，你昨天沒洗澡嗎？怎麼還是穿同一件衣服？」
「什麼，原本說好十點要來接，現在都已經十一點了，你才說你不能來？」
「為何要換時間，我事情都已經排開了……。」
智祥望著生氣的媽媽，有些不知所措，這齣戲碼常常在會面前後上演著。
媽媽覺得爸爸會面的目的不是為了看孩子，而是找麻煩，每次都讓媽媽氣急敗壞；智祥很無奈。
每當遇到智祥感冒、身體不適，媽媽不放心爸爸的照顧而臨時要求調整會面時間時，爸爸也覺得被刁難、阻撓。

無法繼續的生活

振民和文玲是相親認識的，二人交往一年多，在雙方家長的催促下完成婚事。婚後他們住台中，二人在台中有穩定的工作。只是振民在工作上時常出包，他的主管會在下班後打電話來罵人；有時假日振民也會去公司加班，處理自己沒做好的工作。
文玲常常提醒振民凡事要留心，也幫振民找了不少方式，希望能改善振民工作上的問題，但效果有限。

兩人的互動也有不少讓文玲生氣、頭痛的地方。文玲請振民下班順道買東西，振民常忘記，也曾多次帶回許多的「驚喜」，如：文玲請振民買衛生紙，他會買成餐巾紙；請振民買醬油，他會買成烏醋。文玲明明都有拍照給振民看，不解振民為何會買錯，而且錯得很離譜。

不單單這樣，振民的生活習慣也讓文玲很受不了。振民上完廁所常忘了沖水，也會拿擦地板的抹布擦桌子，甚至吃完東西只要文玲不收，他可以把碗放在桌上三天都不動！諸多生活的小細節，常常讓文玲發怒。然而，因夫妻兩人生活單純，文玲的氣也常在振民的溫情道歉下平息；但振民總是無法理解「文玲為何要這麼生氣？」

一年後，文玲懷孕了。文玲非常期待，也有許多養育孩子的想法，希望振民當爸爸後能凡事上心一些，一起好好栽培孩子。然而，振民並沒有因為有了孩子而有明顯改變，他依然主張「凡事輕鬆看待」的生活哲學，過著隨興的生活。

智祥一歲多時，文玲有天要外出，請振民在家照顧智祥，並提醒他智祥走路還不是很穩，而且喜歡爬上爬下，要振民細心留意。

想不到文玲才出門不到一小時，就接到振民的來電。振民說「智祥在玩門，不小心摔倒，頭撞到門框，前額有個不小的傷口，現在要去看醫生」。文玲在電話那頭又氣又急，顧不得自己要辦的事，立刻衝去醫院和振民會合。

文玲覺得在照顧孩子上常被振民扯後腿，也用盡了力氣提醒振民，但效果實在有限。在心力耗竭的狀況下，智祥三歲時的一次爭執後文玲提出離婚要求。振民對離婚沒有太多意見，只覺得文玲常常莫名生氣，他也厭煩自己像孩子一樣被盯著、自己提出照顧孩子的建議也從不被接受，與其二人常吵架，倒不如恢復單身，各自生活還自在些，因此同意離婚。

在親權方面，經過多次溝通後振民感到厭煩，決定放棄和文玲爭主要照顧者的角色，因此智祥的親權由父母共同行使，文玲擔任智祥的主要照顧者，振民每月雙週週末可帶智祥回家過夜會面。

振民與文玲離婚後，辭去了台中的工作，回到桃園與爸媽同住，也找了一份適合的工作。文玲則是帶著智祥回娘家；智祥的外婆為了讓文玲有好的睡眠品質，智祥晚上都是和外婆一起睡的。

外婆和媽媽為了彌補智祥缺少的父愛，對智祥的呵護無微不至：智祥只要下課回家坐在沙發上，外婆就會幫他倒水、準備水果；即便智祥上了小學，外婆仍在床的四周圍上護欄，以免智祥半夜摔下床。智祥的皮膚較敏感，時常長疹子、發癢，每當智祥抓破皮，外婆就很擔心智祥會因為破皮而引發蜂窩性組織炎，頻繁帶去就醫。

智祥的媽媽和外婆總是在智祥感到需要前，先為智祥做足一切準備，智祥完全不需要思考、開口，需求就被滿足，這反而讓智祥在需要時不知如何主動開口表達。

有一次，外婆忘了把抗過敏藥膏放進智祥的書包裡，智祥到學校才發現，但他不知道該如何開口跟老師說。他越是焦慮，就覺得身體越癢。到了中午吃飯時他忍受不了，坐在座位上哭了起來。老師上前關心，他也說不出來，只是一直抓著身體，老師不知道該怎麼辦，問他：「老師打電話給外婆好嗎？」智祥這才點點頭。

【關係停看聽】

智祥正處於透過自己的努力，來獲得成功經驗的發展階段，若能順利適應，將有助於發展勤奮進取的態度及建立自信心。媽媽、外婆對智祥無微不至的保護，智祥該如何累積自己努力的成功經驗呢？

老師帶著智祥回導師休息室，打了電話給外婆。智祥一聽到外婆的聲音，哭得更大聲，邊哭邊說：「阿嬤，我身體好癢，沒有藥可以擦。」外婆才驚覺智祥的藥膏放在家，於是在電話中安撫智祥，並立刻將藥膏送到學校。

離婚初期，文玲依約定每月雙週週末讓振民帶智祥回去過夜，但十次中八次有狀況。智祥會面回來不是皮膚的問題更嚴重，就是振民臨時說沒辦法來接，有時振民甚至完全忘了會面的事。文玲多次提醒，也嘗試用不同的方式和振民溝通，但振民總是當耳邊風。

就在智祥六歲的某次會面結束後，智祥回家開始咳嗽、流鼻水、精神不濟，皮膚過敏的狀況也更明顯。文玲先是詢問振民怎麼回事，但振民回答「在我這裡都好好的啊！」文玲得不到答案，於是問了智祥爸爸家的環境清潔及他受照顧的情形。

「爸爸家很髒，也有螞蟻。晚上很冷，我自己睡會睡不著，不知道怎麼辦，起床就咳嗽了。」

文玲問：「那你還想去爸爸家過夜嗎？」

智祥回答說：「媽媽，我可以不要再去爸爸家嗎？」智祥說完又咳了幾聲，也擤了一下鼻子。

文玲聽完好心疼，她把智祥摟在懷裡，允諾會和爸爸溝通。

【關係停看聽】
面對環境改變、照顧方式不同，有時候還要吸收大人的情緒，一個六、七歲的孩子，該怎麼消化這些狀況呢？

接下來的會面，文玲不是在會面時間幫智祥報才藝班課程，就是幫智祥找藉口，盡可能地不讓智祥在振民家過夜。

一次、二次振民還可以接受，但長期下來振民認為文玲有心阻撓探視，不過夜的會面實在太匆促，於是跟朋友抱怨。朋友告訴他可以向法院的家事服務中心諮詢，振民打了電話進行諮詢，知道自己的相關權益，也開始蒐證。一段時間後，振民委任律師提出了會面相關訴訟。

程監的訪視

文玲收到法院的信函，相當火大，直接打電話跟振民理論。「妳不讓我帶祥祥回家過夜，是妳沒遵守約定在先，我問了社工，社工說我可以提告，所以就去法院再談。」振民回應著。

「你要不要看看祥祥在你那裡，你是怎麼照顧他的。」文玲說完就掛了振民的電話，並傳了幾張智祥會面後皮膚有狀況的照片給振民。振民沒多做回應，他早已厭煩文玲的大驚小怪及說教。

他們在調解時互不相讓，文玲認為振民有和智祥會面；振民則認為沒有按照當時說好的過夜會面就是沒有會面。雙方各執一詞且無意願繼續調解。文玲在律師的協助下，也提供過去智祥過夜會面後的狀況，法官認為有必要評估智祥會面時受照顧情形及智祥的意願，於是開庭告知會選任程監介入。

程監閱卷了解狀況後，隨即與文玲、振民聯繫，分別約了會談時間。程監與文玲會談了解過去會面的狀況。

文玲表示：「我不是不讓祥祥的爸爸過夜會面，只是十次中八次都有狀況。祥祥本身體質就不好，真的需要格外小心照顧。每次他來帶祥祥，我交代的一些事他都不聽或很敷衍，遲到、晚送回來也不先說一聲，我打電話去也常常不接。每次祥祥在他那兒過夜，我都提心吊膽，真的很累人，而且祥祥後來也說不想要過夜。」

接著，文玲帶程監參觀自己的家，家裡確實打掃得一塵不染，客廳也放著一台空氣清淨機。文玲出示智祥的過敏原檢測報告，並表示自己盡量避開會誘發過敏的食物，可以看得出來文玲和智祥的外婆很用心照顧智祥。

文玲和程監談完後叫喚智祥出來：「祥祥，你出來一下，媽媽介紹上次跟你提到的阿姨給你認識。」智祥從房間裡出來，拉著媽媽衣角，躲在媽媽身後。

程監蹲下來和智祥打招呼，嘗試和智祥建立關係。智祥不是靦腆的笑，就是拉拉文玲的衣角，要文玲幫他回答。程監拿出玩具，希望透過遊戲和智祥有多一些互動和對話。

智祥是個安靜、內向又很拘謹的孩子，他連玩玩具都小心翼翼。即便在遊戲的過程中程監問他問題，他的回答也大多很簡短，完全沒有主動的表達。程監問他在學校喜歡上什麼課，智祥沉默；程監問他好朋友叫什麼名字、一起玩什麼，智祥也是沉默。程監問起「爸爸希望與他過夜會面」的想法，智祥終於有回應：「爸爸家很髒，我不想去。」

程監又跟智祥玩了一會兒之後，轉述爸爸想念他，讓智祥選擇可以接受的會面方式，智祥選擇了「當天來回，不要過夜」的會面方式。

程監與智祥談完後，簡單和文玲說明後續程監會陪同進行會面交付及會面觀察，以利擬定未來合宜的會面方案，文玲同意並感謝程監的協助。

程監抵達振民家，振民爸爸和媽媽正在屋外的庭院乘涼，程監和他們打聲招呼後就隨著振民進入屋內。從屋內物品的外觀，看得出來不論是家電或是傢俱，都有一定的年份。雖不如文玲家整潔，但也不至於到髒亂的程度。

「我實在不懂，為何祥祥會嫌我家髒，我媽明明打掃得很乾淨。」振民表達心中的困惑。

程監因振民直接切入正題，隨即與其了解會面的狀況。振民的描述有些空泛，不論程監怎麼問，都很難拼湊出會面的實際狀況，於是程監與振民討論下次的會面安排。

振民起初表達要二天一夜，但程監說明孩子需要漸進式的改變，以及循序漸進的好處。振民可以接受先從一天的會面開始，隨即想到當天可以帶智祥去遊樂園玩，之後再回桃園看看自己的父母。程監說明可以陪同的會面時間是上午十點到下午四點，也需要看看會面的環境。

振民聽出程監的語氣，感覺如此安排行不通，於是改口說先帶智祥回家探望父母，下午再帶智祥去大溪河濱公園玩那裡的遊樂設施，下午三點再帶他回台中的家。程監考慮交通需求，提醒振民需估算車程時間，振民才改成二點從桃園出發送智祥回台中。

程監第一次陪同的會面

會面當天，程監和振民相約在台中車站碰面，再一同至文玲家接智祥。程監與振民會合時，振民突然說要更改行程。

「今天，我約了我妹一家帶著小孩一起回我姊家，所以我們今天不去桃園，我們改去苗栗。」振民很得意地說著。

「啊！怎麼會突然更改？」程監對於振民突然變更行程感到困惑。

「喔！我也是昨天晚上才臨時決定的。」振民不理解程監為何要計較去哪裡會面的這些小事。程監說明振民的變動可能會造成的影響，振民聽完只回了一句「喔！我知道了。」

文玲將程監提醒的「會面交付親職聯絡簿」交給振民，也幫智祥準備了小背包，裡頭放著一點零食和皮膚過敏的藥。振民拿了聯絡簿和智祥的小背包準備自己上車，智祥站在那裡不知該做什麼，程監問「祥祥要上車了嗎？」振民此時才回頭牽了智祥的手，跟文玲說再見，開門讓智祥上車。

在車上，程監未見振民跟智祥說明今日的行程變動，予以提醒後振民才告訴智祥：「今天我們會去苗栗找姑姑，不會去桃園看阿公、阿嬤。」智祥只回了聲「喔！」接著振民看見智祥因皮膚過敏而抓癢，「你這樣一直抓，好像猴子喔！」振民說完自己哈哈大笑，企圖藉著開智祥玩笑來舒緩緊張的氣氛。智祥似乎不知如何面對爸爸這樣的說話方式，身體並沒有因此而放鬆，仍是呈現緊張僵硬的姿勢。

好不容易到了苗栗姑姑家，智祥有些退怯，依指示小聲地叫了姑丈及姑姑，智祥姑姑招呼著他們進門後，就直接到廚房忙著準備餐食。振民拿出準備好的玩具，要表兄弟與智祥一起玩。此時，智祥仍顯得有些靦腆，但在姑丈及表兄弟的輕鬆氣氛營造下，智祥漸漸地和他們打成一片。振民反而不知如何參與而繼續看電視；有時姑丈招呼振民一起加入遊戲，振民可以被動配合著，當孩子們和他嘻鬧時，他也能一起打鬧、玩成一片。只是振民不會主動開啟話題或創造遊戲讓孩子們加入。

過一會兒，智祥姑姑把飯菜準備好，全家人一起用餐。振民會鼓勵智祥嘗試某些食物，但不會勉強他，用完餐後孩子們在客廳看電視。約下午一點半，智祥姑姑就拿了一些營養品給振民說：「你等一下把這個帶回去給爸吃。」振民看了一下時間說：「現在還很早，我們差不多三點再走。」智祥姑姑愣了一下：「你不是說到二點？怎麼又到三點？」振民只說了要延後送回。智祥姑姑只好輕聲地請先生打電話給友人，表示自己會晚到。程監現場看著這一幕，推測振民改變會面計畫之時，並沒有向姊姊說明清楚時間的規劃。

快要離開前，振民還是沒有拿出會面聯絡簿來確認，在照顧智祥上是否有什麼特別需要留意之處，程監提醒振民拿出來看，並做必要回覆。振民勉為其難地拿起來，看了內容認為文玲仍有些說教的意圖，顯得很無奈，簡單寫了「會面順利，智祥玩得愉快」就闔上了聯絡簿。

稍後，一行人和智祥姑姑一家人道別，臨走前姑姑塞了一包餅乾給智祥。上了車，智祥拿出那包餅乾，振民看見了就說：「你怎麼會有這個，你在姑姑家偷拿的喔？」智祥怯懦地搖搖頭否認。振民又接著說：「姑姑沒跟我說她有給你東西，一定是你偷拿的。」說完自己哈哈大笑了起來。只見智祥委屈地嘟著嘴，但沒有為自己辯白一字半句。

【關係停看聽】

智祥還摸不清爸爸在想什麼，也無法在爸爸面前開放自己的想法、感受，更不知如何為自己申辯時，爸爸就莫名地開了智祥玩笑，且當成是一種幽默；此時智祥心裡會有什麼感受呢？

送智祥回家之後，程監和振民在車站附近進行簡單的回顧。「時間真的太短，所以我才很堅持要過夜。妳看，智祥這個孩子話很少，時間這麼短，和他根本講沒兩句話。我想逗他開心，但他都感受不到，我也是很為難。之後如果還是這麼短的時間，我就不要配合了。」振民分享今天會面的感受，程監聽得出來振民的失望，以及他的無助。

程監先肯定他願意嘗試和孩子互動的心，但也提醒振民想一想，他認為「幽默」的話，聽在孩子耳中會有什麼感受？想一下有沒有不同的作法來幫助孩子自在、放輕鬆？另外，因為今日並未依原訂計畫執行，未有機會觀察智祥在桃園爸媽家會面的反應，因此程監只好再陪同一次會面，並要求必須到桃園的家。振民因為自己的感受有被同理，於是同意了程監的要求。

過了幾天，程監也與文玲聯繫，關心會面後的狀況。「可能這次祥祥有見到表哥們，所以沒有聽他抱怨什麼。可能也是因為妳在吧！我也覺得他爸的態度有好一點。如果他能維持這樣，又有聯絡簿可以傳達訊息，會比較好些。但這次會面沒有看到過夜環境，而且表兄弟們並不同住在桃園，加上我和智祥原本就不同意過夜會面，因此我對於智祥在桃園過夜會面仍有疑慮。」文玲表達此次會面後的狀況，及自己的感受。

程監順勢告知下次會面的安排，並且表示聽到文玲對智祥會面的不安，此外，說明聯絡簿用意在於註記需要特別照顧的事項及促進彼此的友善，提醒文玲撰寫的內容，文玲同意配合。

程監第二次陪同的會面

會面這天，雖然振民在交付時記得不要自顧自的行動，但文玲的叮嚀卻讓振民控制不了自己的怒火，眼見雙方又要吵起來，程監趕緊出面緩頰，才沒讓雙方的怒火越來越旺。

這次的會面還算順暢。智祥也因遊樂設施好玩，與振民有較多的互動；也去看了過夜之處，較能安心；智祥仍希望熟悉幾次之後再開始過夜。振民為了不想再讓文玲挑剔，也設了回程的鬧鐘以便提醒自己。

將智祥送回家後，程監肯定振民的用心，運用方法來減少事務上的疏漏、失誤，並鼓勵振民在相關層面繼續多運用。振民仍是和程監抱怨不能過夜一事，也抱怨文玲對於智祥的過度呵護。程監向振民說明智祥的行為特徵，會需要較多的時間適應新環境或新接觸的人，振民要給智祥時間及溫暖的支持。

程監也表達不論是振民或是文玲，雙方都有需要調整的部分，也說明穩定的作法可以提升雙方及孩子的信任感，讓孩子能夠安定下來，並協助雙方轉換思考：「你的調整是為了讓智祥有更多的安定感、在會面一事較不為難，並非是配合對方的要求。」

此外，為了讓交付順利，程監告知後續會建議法官轉介由家事服務中心來協助交付及漸進式會面，重新建立雙方的信任關係，也讓智祥慢慢適應、讓過夜會面的品質更好。

數天後，程監與文玲聯繫。文玲仍抱怨振民的不負責任，不是真正關心孩子，擔心這兩次會面的順利，只是程監陪同下的效果，而非實質的改善。程監傾聽，了解振民確實有待改進之處，但也具體描述振民二次會面值得讚許的行為，如：嘗試逗孩子開心、不勉強孩子吃不喜歡的食物等等。同時，程監除了肯定文玲的細心觀察孩子需求之外，也與之討論智祥這個年紀較適合的照顧方式：「智祥需要增加表達，且要有肯定自己意見與想法的機會，這樣會面時，智祥才能學會如何表達需求。更重要的是，未來才知道如何適當告訴別人自己的需求、與人溝通，才有辦法解決生活中遇到的問題。」

程監也說明會建議法官轉介家事服務中心，以便協助日後的交付及漸進式會面。

社工陪同下的交付

法官依著程監的建議，轉介法院的家事服務中心進行陪同會面，協助振民學習以正向的言語表達對孩子的關愛，適當邀請智祥互動、遊戲，並以語言、非語言的方式肯定孩子已做到的事務；此外，也協助雙方交付時的溝通，幫助雙方逐漸看到對方具體的努力，一步一步練習表達感謝。

初期偶爾仍會有擦槍走火的情形發生，但因著家事服務中心專業人員在會面前的叮嚀、會面後的討論，再加上振民和文玲有地方能吐吐苦水，兩人的態度都比過去來得好。振民和文玲漸漸學會使用聯絡簿，能做有效的溝通分享，振民也能接受讓智祥帶著手機與文玲做必要聯繫；而文玲也會在平時讓智祥練習如何表達自己的需求。幾次下來，交付漸漸順暢，智祥也逐漸接受過夜會面。

【關係停看聽】

當父母在專業人員的協助下，願意為了孩子調整自己，讓交付過程不再緊張、有衝突，孩子心裡的感受會是如何呢？

總算來到了最後一次開庭，法官見雙方的態度和緩許多，當庭雙方對於隔週過夜會面也都有共識，因此在律師的陪同下，簽下了和解筆錄。

數月後，程監從協助會面交付社工的分享中得知，因著文玲開始鼓勵智祥練習表達自己的需求，當智祥想調整會面時間時，他能自己跟爸爸說，減少了文玲和振民之間的不愉快溝通。振民也提升了親職能力，比較懂得如何與孩子互動，會面過程比過去順利許多。

這樣的結果，不論是對程監或是社工，都是很大的肯定。雖然過程很費力，但讓孩子在會面過程感到自在，能回到孩子的位置而不用夾在父母中間，這些努力是值得的。

▼關係處方箋

▼留意小細節，讓會面交付過程不頭痛

「會面交付，不就是把孩子送過去，或是對方來接，這有什麼困難？」這是一般人對於離異家庭交付子女的想像。

實際上，在關係緊張或衝突的離異家庭中，會面交付子女卻是常見的難題。在會面交付現場，常常看見父母面紅耳赤地爭執、孩子不知所措地站在一旁；或是父母人就在現場，但雙方卻不能直接溝通，而是叮嚀孩子那些想要告知對方的事項；或是雙方冷漠以對，沒有對話、甚至沒有視線接觸，孩子瑟縮在冰冷的氣氛中。

「會面交付」成了離異家庭必修的一門課題。

從故事中兩次會面交付時的描述，能看見雙方因為一些小細節，而讓會面交付的過程有些張力。我們先來思考父母順利交付子女到底有什麼好處？

首先，父母在會面相關討論或交付時，可減少情緒起伏，避免情緒受到嚴重干擾而增加雙方衝突的可能；再來，孩子不用夾在父母中間左右為難。當孩子不為難時，孩子在交付現場就不用戰戰兢兢，或把安撫父母情緒的責任攬在自己身上。

要如何做才能讓會面交付較為順利？有下列幾點的提醒：

一、**按照約定穩定會面、準時交付，可增加父母及孩子的安定感：**當一件事情的發生是能被預期、掌控的，這可以提升人的安全感。會面同樣可以套用這樣的原則，當會面的頻率是固定的、可被預期的，父母及孩子較容易在這樣的過程中找到安定感。

二、**會面若需變動，請盡量提前告知對方，並協調替代方案：**「尊重」是人與人產生信任關係的基本原則，若原定的會面時間因一些事而不得不調整時，要變動的一方務必主動提前通知對方，並協調可能的替代方案。切記協調的過程中不要翻舊帳，也請雙方站在孩子的立場思考。

當有一方不得不退讓時，記得要轉換眼光來看待「退讓」這件事。自己退讓不代表損失，而是有顧慮到孩子的感受。畢竟會面是希望孩子能維繫與父母雙方的關係，孩子能獲得父母雙方穩定的關愛才是重點。千萬不要因為爭執「這一次」的補償與否，反而增加了未來會面時的種種阻礙。

三、**練習以「客氣有禮」、「肯定對方已做到的」來與對方互動，讓孩子感受到父母間的友善：**在交付時，可練習找出對方具體做得好的地方，如：誠懇地說「謝謝你今天準時帶孩子來」，如同故事中程監點出振民優點或有進步的部分。相信這對很多離異父母來說是不習慣、也是不容易的。但為了讓孩子能真正輕鬆自在地與父母雙方維持關係、健康成長，父母調節情緒是必要的，這麼做是真正維護孩子最佳利益的要件之一。

此外，為了讓父母能交流孩子的狀況，使孩子不論在哪裡都能被適當地照顧，「親職聯絡簿」是很好用的工具。「親職聯絡簿」的格式很簡單，同住方只要列出孩子特別需要注意的事項（如：因生病該如何服藥）、孩子近期的生活習慣（如：睡覺要抱著娃娃）即可；而會面結束後，探視方也可列出需同住方留意孩子的事項（如：孩子今日未排便），甚至彼此也能學習分享與孩子愉快的互動經驗。這些訊息的分享，並非為了炫耀誰跟孩子比較好、誰留意孩子的狀況比較多，而是為了讓孩子被妥善地對待與照顧，並能逐漸自在開放與雙方互動，無須隱藏真實的感受。

在此也有個小提醒，勿使用聯絡簿來說教或交代一些與會面無關的事（如：提醒扶養費尚未支付），以免讓單純的工具成了令人反感的冊子。

放下衝突、穩定情緒確實不是件容易事，但在會面交付現場若能將自己與對方的角色切換成「同事」關係，友善地與對方互動，也能避免因交付的不順利，而衍生後續訴訟等更需要勞心費神的事情。

▼父母的觀察、引導、肯定，可以幫助內向的孩子練習表達

有些孩子的性格較為好動，而智祥的性格就屬在天秤的另一端——安靜、不擅表達。當他藥膏沒帶，他不知道該怎麼說，只能用哭泣表達；當振民想找話題與智祥互動時，智祥多半簡答或是沉默。面對這類型的孩子，父母平時該如何教養呢？互動時又該注意些什麼呢？

內向的孩子有些共同特色，就是「他可以一個人默默在一處待很久，可以自己玩，不喜歡成為焦點。當你問他問題時，他的回答總是很簡短，通常不會主動延伸話題，多半也無法清楚表達自己的需求」，因此需要父母平時多觀察且用引導的方式，讓孩子練習把心裡的想法說出口。

父母該怎麼引導、教養呢？下列的方法可供父母參考：

一、**運用行為觀察，關心探索孩子的需要**：不擅長以話語表達需求的孩子，當有需求時多半當下不會提出，常常都得忍到受不了，才會有外顯情緒反應或說出口，但這時候往往都已是孩子忍耐的極限，有時問題已變得嚴重或錯過處理的時機。因此，父母平時可以觀察孩子的作息、習慣，必要時開口提醒，如：出門前問一下孩子是否想先上廁所，透過這樣的提醒，可以幫助孩子覺察自己的需要。孩子能逐漸回應後，可以調整提問的方式，增加孩子主動表達的程度。

二、**詢問孩子的想法時，要耐心等候：**這類型孩子在接收到問題時，會在心裡揣測各種情境、可能，如「你喜歡吃什麼？」孩子回答之前會先想：「對方問的是早餐、午餐，還是晚餐？是點心還是正餐？是蔬菜、水果還是主食？」等他想完，對方或許已經結束這個話題。這樣的局面常會讓人認為這孩子沒有想法，其實他不是沒想法，只是「來不及表達」。因此，當父母提問後，發現孩子沉默不語時，記得要耐心等候，初期必要時也可以用提供選項的方式來協助孩子表達；並視其反應逐漸調整成開放式的問法，循序漸進培養其主動表達能力。

三、**肯定、具體鼓勵，並接受其想法：**當孩子對於「表達」較沒自信時，只要他願意發言請給予正向且具體的肯定，但不要浮誇的讚美，如：「你選了下午去騎腳踏車，真好，這樣我們下午的活動就安排好了（具體肯定的內容）！」而非只是「你真棒」。即便孩子的想法與自己的不同，也要接受孩子的想法，這可以訓練孩子獨立思考的能力，等孩子較勇於表達了，才逐步加入不同意見的協商。

四、**鼓勵孩子嘗試去做，重點在過程的學習，而非僅僅看重成果：**「害怕失敗、搞砸」常使得孩子不敢嘗試，總是要先「想」得很完善、有足夠的信心和把握才會放膽去做。父母可嘗試陪著孩子在「做中學」，即便失敗了也不責備孩子，不視「失敗」為災難，而是幫孩子把焦點轉向過程中有什麼收穫、發現、樂趣，讓孩子經歷「原來失敗也沒這麼糟」的經驗，才能幫助他面對陌生事物、勇敢嘗試與挑戰。

上述是一些平時在管教、互動上父母可運用的方式。從故事中也看到當文玲開始鼓勵智祥表達時，智祥也能明確說出自己的需求，因此，父母只要透過日常不斷地鼓勵，孩子是可以因著練習而有所調整的。另外，要切記：若想緩和氣氛，請記得拿外在事務或自己來開玩笑，千萬別讓孩子成為玩笑的焦點，這會讓沒自信的孩子更沒自信、更退縮；因此，擅用技巧、拿捏好尺度是很重要的。

第四章

當博士能解決問題嗎？

「你們長大想做什麼?」老師在課堂上問著。

「我要開飛機,因為開飛機的人都很帥。」A同學說完後全班哄堂大笑。

「我要寫程式,因為寫程式可以一直玩電腦。」B同學說。

「我要當老師,因為老師可以打分數。」C同學說。

「我要當博士,因為博士可以解決很多問題!」小新說完後全班同學「哇」了一聲。其實,小新最想解決的是爸爸、媽媽的問題。

七年的愛情長跑

小新的爸媽——銘輝和巧玲——是國中同學,在國中時期他們並不熟悉,但到了高中仍是同班,在和其他同學都不熟的狀況下,兩人越走越近,話題越來越多,彼此產生好感而開始交往,常會一起約去圖書館寫作業。

剛開始巧玲母親反對,認為太早談戀愛會影響學業,但觀察一段時間,發現銘輝很照顧巧玲,兩人也會一起討論功課,母親發現巧玲功課沒有退步,也就睜一隻眼閉一隻眼,沒有太多干涉。

大學時期銘輝和巧玲不同校,但兩人幾乎每天通話,假日也時常約會,感情沒有因此生疏，反而因為生活圈的不同，分享的事物也越來越廣，常常電話講了二小時還意猶未盡。銘輝退伍後一年，二人的工作逐漸穩定，於是決定結婚。

在討論婚後住處時，因銘輝的工作需要出差，常不在家，巧玲不想總是一個人，於是向銘輝提議一起住在巧玲娘家。銘輝想了想覺得可行，畢竟他一個月當中有半個月會不在家，常常放巧玲一個人也有些過意不去。只是銘輝提出一個但書：當他的存款存到三百萬時，他期待巧玲能和他一起搬出去住，建立自己的小家庭。

巧玲被銘輝的貼心、用心吸引，二話不說同意銘輝的要求。於是，婚禮結束後，銘輝搬了些平時會用到的物品和巧玲一家人同住。

銘輝過去常到巧玲家做客，不論是巧玲父母或是巧玲妹妹，銘輝都熟悉，他以為和巧玲家人熟，同住一起應該沒太多問題，但沒想到搬進去後，才發現自己不自在。

過去銘輝在家，家中所有的空間他都熟悉，銘輝父母工作忙，在家時間少，銘輝常常在客廳翹著腳看電視；若回家覺得疲累時，也會進父母房間坐按摩椅紓壓放鬆一下。對銘輝來說，一個可以真正放鬆、舒服自在、為所欲為的空間才是「家」。

然而，現在和巧玲家人同住的這個家，對銘輝來說並沒有放鬆的感覺。巧玲母親婚後就是家管，巧玲父親退休前需要帶著球員練球、比賽，常常不在家，因此家中的大小事都是巧玲母親做決定。巧玲母親相當重視家人之間的情感維繫，因此每天晚上都會準備好飯菜，等著女兒們下班回家再一起開飯。飯桌上的分享，對巧玲家人來說是精心規劃且重要的時刻。

但這對已經習慣回到家就是一個人的銘輝來說，這種一起吃飯的時刻，就像是在上第二個班的感覺，完全無法放鬆。他並非不喜歡巧玲家人，只是現在的生活模式和過往的生活習慣相差太大，出差回來卻不得放鬆，讓銘輝有窒息的感覺。

有次銘輝加班，已事前告知不回家吃飯，等他忙完要回家時已經晚上九點多，他心想「這時候岳父母都已經進房間了，我應該可以好好地在客廳看電視」，於是買了鹽酥雞和啤酒，想回家放鬆一下。

銘輝很輕聲地打開家門，客廳果然沒人，巧玲也正在房間和朋友講電話。銘輝內心高喊著「萬歲」，正找著電視搖控器準備打開電視時，巧玲母親突然走出房門，發現銘輝在電視機旁來回張望，似乎在找東西，於是出聲關切。

「銘輝，你回來啦！你在找什麼嗎？」巧玲母親問。

「啊！喔！我在找搖控器，想說看個電視。」銘輝被突如其來的聲音嚇了一跳。

「搖控器啊！來，我拿給你。」巧玲母親走到客廳，打開了桌上的盒子，拿出搖控器遞給銘輝，又看了桌上的鹽酥雞和啤酒。

「這麼晚了你還沒吃飯啊？你不早說，我就留飯給你，都一家人了，不用這麼客氣。這種炸的東西，外面的油都不乾淨，你想吃可以告訴我，我炸給你吃，這樣比較健康。

「好啦！你慢慢吃，不要太晚睡，我不吵你了，我知道你們年輕人不喜歡別人嘮叨。」巧玲母親拍了拍銘輝的肩就回房休息了。原本想放鬆的夜，被這樣突然的關心、問候，又變得不輕鬆了。

除此之外，銘輝過去和巧玲發生親密關係都是在銘輝家或是在外過夜時，現在住進了巧玲家，每每想要與巧玲親熱都會覺得很不自在，總擔心房門會不會突然被打開，因此常約巧玲外出度假。但巧玲週一至週五都要上班，週末只想在家休息，實在沒心情、沒體力度假。銘輝忍不住向巧玲坦承自己不自在的感受，巧玲卻認為是銘輝不願意融入這個家才會想太多。銘輝覺得巧玲不懂他的感受與心情，兩人偶爾會為此爭執，銘輝決定搬出去的心也更加堅定，他認為只要搬出去，兩人的關係就能和過去一樣。

關係的改變

婚後二年，小新出生。有了孩子，銘輝更期待一家三口同住的小家庭生活，於是在開銷上更精打細算，希望儘快存夠錢搬出去。只是這樣的節流，巧玲並不苟同，她覺得銘輝只顧自己，有時候也會對銘輝說：「你是男生，難道男生不用多付一點嗎？而且你又住在我們家。」這些話聽在銘輝耳裡真的很不是滋味，銘輝有時會回嘴，有時會把氣吞下來。

每每爭執過後，夫妻感情才稍稍恢復，銘輝就會碰觸巧玲，摸摸頭髮、勾勾小指，巧玲知道這是銘輝求愛的暗號。年輕時，兩人大吵後，也很容易用這樣的方式和好；但對現在的巧玲，工作、帶小孩已經很疲累了，還要應付銘輝的無理取鬧，實在沒心情回應銘輝的求愛。更氣的是，銘輝不僅不體貼巧玲的心情，總要暗示到巧玲配合為止，這讓巧玲覺得自己被強迫、不被尊重，但為了維繫關係，她只好勉強配合完事。

漸漸的，銘輝感受到巧玲和過去不同，他覺得自從有了孩子，巧玲重心就在小新身上，不僅親密關係發生頻率變低，二人單獨相處的時間也變少，即便巧玲母親願意幫忙照顧小新，巧玲還是怕麻煩母親，而不願意和銘輝出去約會。這些現象讓銘輝覺得被冷落，也讓他感受到自己在這個家沒有屬於自己的位置。

小新三歲時，銘輝被公司外派到新竹工作，不再長時間出差，銘輝認為這是一家三口搬出來的好機會，於是開口向巧玲提議搬去新竹同住。巧玲聽完就說：「我到新竹不好找工作，而且這樣變成我一個人要照顧小新，我沒有替手，你都只想到你自己。」巧玲的回絕讓銘輝的內心冒起了不安：「真的是我自私嗎？還是妳對我早就沒感情了？」內心五味雜陳的銘輝，只好週一至週五自己住新竹，週六、日才回板橋和巧玲、小新相處。

【關係停看聽】

對於孩子而言，「爸爸的角色」是否能由媽媽、外婆完全取代？

小新眼裡的家……有點不一樣了

小新五歲時，是銘輝父親的六十大壽。雖然壽宴的規劃、安排全權由銘輝大姊一手包辦，但銘輝是家中長子，巧玲是長媳，而小新又是長孫，銘輝仍感受到家族盛宴的壓力，期待自己及巧玲能表現得體大方，因此千叮嚀、萬囑咐巧玲要帶著小新全程參與。

壽宴當天有很多許久未見的親戚到場祝賀，銘輝忙著和大家嘘寒問暖；然而眾多親友巧玲都不認識，只能在一旁尷尬地陪笑著。小新一下子看見這麼多不曾見過面的親戚，每個親戚又很熱情的要抱他、和他說話，這讓小新不自在，緊黏在巧玲身邊，巧玲心疼小新像展示品一樣。

總算捱到上最後一道菜，此時小新已經累得在椅子上打瞌睡，巧玲決定先帶孩子回家。巧玲看向銘輝，他還在跟賓客熱絡地聊著天、拚酒，巧玲抱起小新，走到銘輝身邊，小聲的說「小新累了，我先帶他回家喔！」看起來銘輝是喝酒喝到茫了，也不確定他有沒有聽見，只見銘輝一邊點頭，一邊揮著手。巧玲嘆了口氣，抱著小新離開壽宴現場。

壽宴尾聲，銘輝大姊招呼大家來拍家族大合照，此時銘輝四處找不著巧玲、小新，其他親戚才說：「孩子累了啦！睡著了，我剛看到媽媽抱著孩子離開了。」巧玲與小新在家族合照的缺席，讓銘輝覺得在家人面前顏面盡失。

這件事情讓銘輝跟巧玲冷戰又熱吵，銘輝再也按捺不住地對巧玲說：「我們離婚吧！」巧玲相當錯愕，她覺得銘輝只因為她壽宴沒有全程參與就要離婚，認為銘輝太幼稚，她無法接受這樣的決定。但銘輝心意已決，這次爭執後銘輝就沒有再回板橋的家。

銘輝離家後，巧玲沒有拒絕銘輝來探視小新，她認為孩子需要有和爸爸相處的時間。她也認為離婚只是一時氣話，兩人會慢慢和好，就像過往的吵架一樣。

起先小新沒有發現爸媽關係的變化，畢竟平日爸爸都住在新竹，生活起居都是跟著媽媽。日子久了，小新漸漸發現，爸爸雖然還是會在週末帶自己出去玩，但他不再回家住。

有一次小新跟爸爸去兒童新樂園玩。他問：「爸爸，你最近怎麼都沒有回家？」爸爸說：「最近工作很忙，爸爸要更努力工作，這樣才能賺更多錢帶你出國玩啊！」小新聽到要出國，興奮地問說「那媽媽會一起去嗎？」爸爸沒有回答，指著遠遠的攤位說：「哇！你看，有冰淇淋耶！爸爸帶你去吃冰淇淋。」小新雖然很開心，但還是覺得哪裡怪怪的。

每次和爸爸會面總是要出門，這也讓小新有些困擾。有一次，媽媽剛送小新樂高積木，小新做了一個很酷的作品，那個週六他只想在家跟爸爸一起玩樂高，但爸爸不願意上樓，媽媽也不想讓爸爸上來，爸爸、媽媽因此吵架了。小新有點害怕，覺得自己做錯事情，他心想：「如果沒有吵著要爸爸上來，他們就不會吵架了。」

有幾次爸爸要接小新出門，可是小新懶懶的不想出去，或是他想起上次媽媽曾經說要帶他去花博公園玩氣墊。他心想「爸爸不知道那個氣墊，他不知道怎麼去，只有媽媽會知道……」，但是媽媽要小新自己跟爸爸說，這也讓小新覺得好麻煩，嘟噥著「媽媽講就好了啊……」，結果媽媽就生氣了。小新又覺得自己做錯事情。

【關係停看聽】

爸爸、媽媽的爭執，常常發生在小新堅持一些事情之後，一旦小新有了「好像只要我堅持我想要的，就會害爸爸、媽媽吵架」的念頭時，為了避免衝突，他會怎麼做？

每次小新和爸爸出去玩回家之後，媽媽總是關心地問：「今天去哪裡了啊？你吃了什麼東西？」有時候聽見小新吃薯條、雞塊，就會碎念：「又吃這些沒營養的！」偶而小新也會聽到媽媽跟外婆、阿姨抱怨爸爸很自私、只顧自己。

一段時間之後，小新好像懂了，他知道爸爸、媽媽不會繼續住在一起。但是他也知道，爸爸、媽媽都想和他住在一起。這讓小新有些苦惱，他愛爸爸，也愛媽媽，為什麼不能都住在一起就好了呢？

【關係停看聽】

「為什麼爸爸突然不回家了？」、「為什麼我和爸爸、媽媽不再一起出門？」、「為什麼我和爸爸不能在家裡玩？」這麼多的「為什麼」，小新會如何消化、解讀呢？

分居後的假日會面

自從分居後，假日的親子會面變成一種不明說的默契。通常只要銘輝說要接小新出去玩，巧玲都會答應。但是因為銘輝的個性不拘小節，也不注重飲食均衡，每次都讓小新玩過頭，回到家總有幾天半夜會「陷眠」（指說夢話）。幾次下來，巧玲越來越不放心，開始叮囑銘輝注意飲食、不要讓小新玩過頭、要準時送小新回家……，但狀況還是一樣。於是，巧玲決定開始過問銘輝的出遊安排。

有一次，小新的表姑姑結婚，銘輝想帶著小新一起參加。

「巧玲，這週六我表妹結婚，我要帶小新去參加。」銘輝說。

「地點在哪裡？是中午還是晚上？」巧玲問。

「晚上，在新竹，喜宴結束我就會帶他回家，可能會晚一點。」銘輝回應著。

「太遠了，而且是晚上，回到板橋都超過十點了，小新作息很規律，他十點就會上床睡覺，我覺得沒有必要為了一個喜宴打亂他的作息，你還是自己去就好。」巧玲不讓銘輝帶小新去。最後銘輝只好自己出席。

還有一次，銘輝看到台中的冰雪樂園廣告，想起小新二歲時，他跟巧玲帶著小新去北海道玩雪，小新超級開心的模樣，想帶小新去回味一下。

他打電話給巧玲說：「巧玲，這週我想帶小新去台中的冰雪樂園玩，晚上八點前會帶他回家。」銘輝心想，上次十點不行，這次八點總該可以了吧！

「冰雪樂園？不適合吧！小新的支氣管不好，冰雪樂園裡面那麼冷，到時候感冒或是又引發支氣管炎很麻煩，你不要帶他去。」巧玲再次拒絕銘輝的提議，這讓銘輝有些不悅。

層出不窮的理由，但結果都只導向一個，就是銘輝沒辦法順利跟小新會面；沒辦法像以前一樣想帶孩子去哪裡玩就去哪裡玩。雖然平常可以和小新通話，但小新沒有自己的手機，每每通話都要打家裡市話或巧玲的手機，銘輝有一種被監視的感覺。銘輝曾經跟巧玲討論，是不是可以給小新買一個通話手錶，一來通話方便，二來也可以掌握小新的位置，但巧玲一樣否決。

在多次碰壁的狀況下，不免讓銘輝覺得巧玲刻意隔開自己跟小新接觸的機會，也懷疑巧玲故意用吸引小新的事物讓小新不跟自己出去玩。銘輝越想越嘔，認為巧玲用這些手段報復他提議離婚；他不想再忍了，決定去找律師。為了避免自己以後見不到小新，銘輝同時爭取小新的親權。銘輝心想：「我來監護，絕不會妨礙巧玲探視；若是巧玲監護，豈不是跟現在一樣？」除此之外，銘輝也聲請會面交往的暫時處分。

程監訪視

小新就讀小一時，銘輝和巧玲開始打離婚官司。在調解過程中，雙方都很堅持自己的立場，互不相讓。兩個人都覺得自己在婚姻中受委屈、不被重視，也都想要單獨取得親權。幾個月的調解沒有進展，此時巧玲的律師建議選任程監，讓程監來了解小新的想法，評估怎麼樣才是對小新最好的安排。程監接受委任後，與雙方聯繫，說明程監角色及工作內容，並約好訪談時間。

一個週六，程監到了巧玲家，和巧玲、巧玲母親、小新進行訪談。因為先前電話聯繫時，巧玲表示小新知道父母正在打離婚官司，所以程監請巧玲先向小新預告程監的到訪，並順著巧玲的說法向小新介紹自己是「法官伯伯派來的阿姨，因為法官伯伯很想要了解你（小新）的想法，所以才派阿姨來這邊」。

過程中，程監觀察巧玲會自然地讓小新做他想做的事情，所以有時候小新會去房間看書、拼樂高、摺紙，有時候也會坐在客廳一邊玩玩具，一邊聽大人講話。巧玲不會特意支開小新，因為巧玲認為未來的安排與小新有關，小新有權參與其中。

在教養理念上，巧玲會與小新訂定生活約定，如：飯前一小時不能吃零食、在家不能大吼大叫、規定每天看電視的時間……等。提到學校裡跟同學的相處，小新也會在旁邊發表意見。偶而小新也會分享和爸爸互動的狀況，巧玲會靜靜聽著，不會評論對錯，也不會在小新面前數落銘輝，因此小新可以很自在地分享。巧玲母親在旁邊陪著，偶而會搭腔地說：「他們年輕人的事情我真的是搞不懂，都住家裡了，什麼事情都弄得好好的，搞成這樣我實在也不知道為什麼。夫妻就是床頭吵床尾和，都是小事情也計較成這樣，大家彼此退一步就好了啊……。」

隔週日，程監到銘輝家，和銘輝、銘輝父母、小新進行訪談。過程中，當大人談話時，銘輝會技巧性地支開小新，先陪他在房間玩一下，兩人一起打枕頭仗、玩手遊，說要一起電爆哪個同學等等。只見銘輝忙碌地在房間跟客廳進進出出，但是小新在房間也待不久，總是沒兩下就出來客廳找爸爸。

雖然小新平常沒有和爸爸、爺爺、奶奶一起住，但互動起來並不生疏，小新也會很主動分享學校、家裡的事。當小新談到媽媽時，銘輝會微笑、專心聆聽，也可以詼諧打趣地回應孩子。

看見銘輝、巧玲談論到對方的態度，逐漸能加入對孩子感受的關切。讓程監更確信，當父母對爭執點能就事論事地討論，且維持穩定的親子相處機會，真的能減少孩子面對父母衝突的壓力。即便知道父母在吵架，也知道自己仍然可以跟雙方都保有良好的關係。

小新的世界

不論在銘輝家或是巧玲家，程監都可以感受到小新的自在，但隱約也覺得他有些苦惱。於是，程監在和小新單獨訪談時，關心小新目前的生活狀況及心情感受。

「我知道爸爸、媽媽現在在吵架，他們都想和我住。

「但我想要大家一起住啊！像以前那樣，家裡有爸爸、媽媽、外公、外婆，還有阿姨，我覺得這樣很好。

「現在爸爸、媽媽都想跟我住，但他們又不要住在一起，這樣真的很煩。所以，阿姨我跟妳說，我長大要當博士，我想只有博士可以解決這個問題。」小新帶著童真的語氣回答著。因為這個問題太難了，只能天真地想著等自己當了博士才能解決吧！

在程監同理了小新之後，小新又接著說：「對啊！妳看，別人都只有一個家，我現在有三個家，一個是板橋的家，一個是九份爺爺、奶奶的家，一個是新竹爸爸的家。

「板橋就是我平常住的家，媽媽、外公、外婆還有阿姨；爸爸如果來找我，都會帶我回九份爺爺、奶奶的家，那裡有很多貓咪，貓咪都會在空地曬太陽。我很少去新竹爸爸的家，有一點忘記那裡是什麼樣了。」小新很認真的向程監介紹每個家，程監也關心目前的會面狀況。

「星期六爸爸會來找我，但有時候我很累就不想出去，有時候我玩具玩到一半也會不想出去，只想爸爸在家陪我玩；可是很多時候就因為這樣，爸爸媽媽就生氣了，我……」小新越說越小聲。

在與小新的聊天中，程監發現小新在假日會面上，確實也感受到不得不去的壓力，他很擔心因為自己不出門，害爸爸媽媽又吵架。他不想要爸爸媽媽因為自己不出門而生氣，但是，小新也好想要自己決定啊！

【關係停看聽】
孩子也有自己的意志與情緒，當親子會面成為規定，原本溫馨自然的親子互動時光，像是被套上無形的束縛一般不自在。

程監又問著小新期待未來生活如何安排。

「如果真的不能像過去那樣大家住在一起，那我還是跟媽媽住在板橋家好了，這樣我比較習慣，但放假我也有想去住爺爺、奶奶那裡，因為有好多貓咪可以玩。」小新回答。

結束對話前，程監探問小新，想不想讓爸爸媽媽知道自己的感受。

「我不會說，平常我都跟他們說我開心的事情，我知道他們喜歡聽這個。而且，我不知道怎麼說……明明我只想要一個家。」小新說著說著又落寞起來。不過過了一會兒，小新認為自己想到一個好方法，於是又開口說：

「阿姨你要幫我說嗎？我想要跟爸爸媽媽再住在一起」。語畢，像突然又想到什麼似的，小新再補充：「不過，如果不行也沒關係啦！反正我有三個家。」

【關係停看聽】
父母在離異過程中，因為家庭氣氛的改變，孩子學會了隱藏自己的期待，父母是否曾想過會造成這樣的狀況呢？唯有父母雙方能彼此接納，不在孩子面前批評、攻擊、否定對方，孩子方可獲得安全感，可以繼續做自己，不用去切割或對誰展現忠誠。

從小新的反應，可以感受得到小新內心的拉扯與糾結。於是，程監在提出報告前，再一次地分別約銘輝和巧玲談話。

程監個別與銘輝、巧玲談話，肯定他們在這不容易的過程中，能讓對方有繼續陪伴小新的機會，給予小新足夠的安全感，且不要求小新選邊站，這確實幫助小新敢說出自己的想法和期待。

程監也轉述了小新其實期待跟大家都住在一起的想法。銘輝聽完後說：「我們的關係走到這一步，過程真的牽扯太多問題，實在回不去。」

頓了一下，銘輝說：「我知道小新很想要我回去板橋一起住，他說過好多次，但是……。我已經想好以後如果法官把監護權判給我，小新就會去住我爸媽那邊，我也會把客房留給巧玲，如果她願意，就可以跟小新一起過來，她也有地方住。」

程監感受到銘輝在這個困難的處境中，也很想要滿足小新的願望，找到一個對三個人都好的辦法。

至於巧玲聽完程監轉述小新的想法，以及知道銘輝的規劃，突然眼眶一陣紅，略帶感傷的說：「過去銘輝很照顧我，很為我著想。但結了婚之後，生活變得很壓縮，我埋怨他越來越自私只顧自己。現在關係走到這地步，他還願意為我在他家準備一間房間，雖然我真的不可能去住……」

訴訟仍持續地進行著，但銘輝、巧玲堅守一個原則，就是不管他們在法庭上有多麼激烈，在小新面前，他們都要允許對方來愛與陪伴小新。巧玲同意接受銘輝買通話手錶，小新透過通話手錶，在非會面時間也能自在地向銘輝表達自己的需求與期待，小新總算不再為難了。銘輝、巧玲釋出的善意與彈性，讓小新可以回到孩子的位置上，也不必再苦惱著問題難以解決，得要立志當博士才能處理了！

▼關係處方箋

▼因為彼此的諸多不同，考量的重心、優先次序也會不同，因應方式也就不一樣

來自不同原生家庭的新手父母，生活習慣、教育方式各有不同，常常會用自己過去怎麼被教養的方式來照顧下一代。加上建立家庭後的身份、角色變得更多元，需要承擔、顧忌的事也不同。若沒有為這些不同找到平衡的因應方式，就會造成生活中的混亂與失衡。

首先，從文中可看見銘輝和巧玲因著「性別不同」造成的落差，即便兩人都有工作，但「照顧孩子」這件事上，仍是巧玲承擔較多的責任。當銘輝基於婚姻的原初期待邀請巧玲一起搬到新竹住時，巧玲回應「我『一個人』要照顧小新，我沒有替手」，從這樣的回應中，可以看見巧玲把照顧孩子的事全攬在自己身上，她沒有想到若是搬到新竹後，銘輝可以每天回家，家庭相處狀況或許可以有些不同。

一旦夫妻在家務或育兒的分工上，因著日復一日而逐漸僵化，彼此又欠缺溝通與相互協調的彈性時，家事就會變成苦差事，將彼此壓得喘不過氣。在當中一起生活的孩子，也會感受到這樣緊繃、無法喘息的壓力。

其次，在文中看見的是「身份的不同」。不同身份，事情處理的優先次序就會不同。當夫妻升格成父母時，孩子的事多半成為最優先的事。不過每一種身份的轉變都很值得彼此討論深究，重新找到立足點。在關係中減少猜測與模糊，才不會因誤會而讓關係漸行漸遠，也才能夠繼續攜手邁進。

最後，從文中也能看見銘輝和巧玲在兼顧「多重角色」時的為難。以巧玲的例子來說，她在家庭中，有著「女兒」的角色，會想體貼母親的辛勞，不想讓母親承擔過多自己份內的事；她也有著「妻子」的角色，期待與銘輝有好關係，能彼此陪伴到老；同時兼具「媽媽」的角色，期待能好好照顧、陪伴小新，讓小新平安健康長大。

只是有時候角色間會彼此拉扯，像是銘輝期待能有兩人約會的時光，巧玲也明白經營關係的重要，但她又不想麻煩母親承擔照顧小新的責任。當不同角色相互拉扯時，彼此若沒有充分溝通，就容易引來誤解。

關係中的溝通是很重要的，尤其是父母要一同照顧孩子，彼此的核對、澄清，適時表達自己的感受與想法，才有機會共同創造出具有活力的關係，孩子也能在這當中獲得足夠的安全感、保有自己的想法，不需過度解讀與選邊站。

▼父母即使離異不再相愛，也要讓孩子可以自由地愛

自孩子呱呱墜地，無論在哪一種家庭結構下，孩子都會自然地適應，與環境、家人建立安全依附。只是順著生活慣性，爸爸、媽媽可能有著不同的「功能」，如：玩樂、找刺激，就會想到爸爸；肚子餓、想睡覺，就會想找媽媽。孩子透過與父母的互動，逐漸有了安全感與歸屬感，才能開始探索陌生的事物、環境，逐步認識更寬闊的世界，提升適應力。

只是一個家庭有太多的問題需要處理、解決，父母之間若少了有效的溝通、討論，關係會開始出現裂痕，時間久了、衝突多了，關係很難再持續。此時，父母決定分開，也等於破壞了孩子的安全感和歸屬感。對孩子來說，這是一場無法想像的災難。

雖然銘輝、巧玲使用訴訟爭取自己的權益，但在親子關係上，他們都盡可能地讓大人的紛爭遠離小新的生活，甚至也願意做一些調整。因此當小新提到對方時，他們都能用接納的態度回應。這樣的回應方式，不僅可以減少小新的不安，也能讓小新繼續愛著爸爸、媽媽，不用刻意去討好哪一方。因著父母的調整，小新不用再看大人臉色決定自己要不要跟對方見面，能安安穩穩地回到孩子位置上。

可惜現下常見的是，很多夫妻離異時，孩子也被捲入當中。當雙方對立時，親子會面就很容易變成是種「規定」，欠缺自由與彈性。甚至也不想去關心孩子與對方相處的內涵與意義，只在意孩子返家時，是否對平靜生活造成不便或影響。

站在孩子的立場，與雙親、家人相處這件事，本該是一件稀鬆平常的事，卻變得一點都不自然，還面臨可能被檢視、批判的風險，這樣一來，很容易讓孩子產生抗拒。此時，父母可以怎麼幫助孩子適應，就更顯得重要。

以下列舉兩個範例，供父母參考：

■範例一：面對規定好的會面

父母可以讓孩子知道，每個人都有自己的想法，但若大家都堅持己見，問題就沒辦法解決，父母可以嘗試這樣說：

「雖然爸爸、媽媽現在沒有住在一起，但我們都很愛你。爸爸、媽媽也想和你有相處的時間，現在我們把時間規定下來，當你和爸爸／媽媽相處時，你都可以像以前一樣。」如果可以，也試著開放性地了解孩子的想法與感受，「那你有想要怎麼樣跟爸爸／媽媽相處嗎？」

■範例二：面對教養態度的不同

當對方的教養方式、價值觀和自己不同時，可以試著傳達自己的信念，避免攻擊或批判性的語言。以「吃速食」這件事來舉例。

父母可以傳達自己的信念：「營養均衡很重要，你現在正在長大，需要很多營養。速食雖然很好吃，但營養比較少。所以我（爸爸／媽媽）比較少讓你吃速食。」延續上面提到的開放性了解孩子的感受及想法，「我知道速食跟糖果一樣都很好吃，那我們來聊聊，可以怎麼樣吃呢？」也可以趁機跟孩子討論，訂下有共識的約定，避免一言堂。

或許這樣的回應並非父母慣用的說話方式，但中立、客觀、不帶評價、歡迎、邀請表達想法的態度，可以讓孩子不用緊張兮兮觀察大人的臉色，也能幫助孩子理解禁止、規定背後的原因。如此一來，守的就不是「死規定」，而是權衡過後最適切的作法。

當婚姻面臨盡頭，若夫妻能夠順利轉化為合作父母，在孩子面前展現接納對方的態度，秉持「尊重、友善」來面對共同育兒的夥伴，可以大大幫助孩子適應父母離異的過程。

第五章

完美媽媽的背後

這天中午，佳英和品萱一邊吃著國小營養午餐，一邊聊著天。

「我跟妳說，我那天看到伊晴和她媽媽，她一直說她媽媽長得有多漂亮，但我那天看到覺得還好，跟伊晴長得很像，沒什麼好看的。」佳英說。

「真的假的！我還以為她有個美若天仙的媽媽。」品萱回應著。

此時，伊晴剛打完飯菜，正準備要回座位上吃飯時，恰巧聽見佳英和品萱的對話，她顧不得自己還沒吃飯，當下大吼著：「妳們可以說我醜，但我媽媽很漂亮，妳們不可以這樣說她。」接著就跑出了教室。

佳英和品萱被這樣一吼，二人愣住了，其他同學也被這突如其來的聲音吸引了目光，紛紛轉頭看著佳英和品萱。

「我剛沒發現她走過來，現在怎麼辦？」佳英對著品萱說。

「哎，每次都這樣，就是不能說她媽一點不好。」品萱自顧自地說著。

午休鐘響，老師發現伊晴不在位置上，詢問同學是否知道伊晴去哪裡了，佳英和品萱才說出中午吃飯時的經過。

「老師，我有看到伊晴衝進廁所裡。」一位男同學補充著。

老師安撫躁動的同學們後，就到廁所去找伊晴。在老師溫情的話語下，伊晴才願意開門出來。

「伊晴媽媽，今天伊晴在學校……，再請媽媽關心一下。」老師和伊晴媽媽聯繫，說明今天在學校發生的事。結束電話後，伊晴媽媽嘆了口氣：「好不容易伊晴現在比較能融入學校生活、不再拒學；同學真的太無聊了，沒事幹嘛說別人的媽媽呢？」

意外的法院文件

有一天，伊晴媽媽提早下班，先回家準備好晚餐的食材之後再去接伊晴、伊萍下課。

「陳小姐，有妳的掛號信喔！是法院寄來的。」警衛看到伊晴媽媽叫住了她。

「法院？」伊晴媽媽一臉疑惑地走向警衛室簽收，看了看信封確實是自己的姓名和地址，但想不出裡頭的內容是什麼。

伊晴媽媽進了電梯，打開信封一看，發現是伊晴爸爸提出了「請求酌定會面交往方式」的聲請狀，媽媽深深吸了口氣，手握拳頭並怒喊了一聲「豈有此理！怎麼可以勉強孩子！」這封法院文件完全打壞了伊晴媽媽愉悅的心情，塵封已久的回憶也一一地在腦海中浮現。

伊晴媽媽在家中排行老大。從小，伊晴媽媽的父親對她有不小的期望，並且要求她要獨立。伊晴媽媽高中時，家裡就不再給零用錢，伊晴媽媽只好開始打工賺錢，但伊晴外公卻無條件支應伊晴的舅舅和阿姨的一切開銷，這讓伊晴媽媽心裡很不是滋味。

上了大學，伊晴媽媽為了上下課、打工方便，用自己的積蓄買了一台機車代步，只是所剩的存款不夠繳學費，只好硬著頭皮向父親開口借錢。伊晴媽媽允諾會按時還錢；但不知是何原因，父親拒絕先代墊學費，伊晴媽媽只好申請助學貸款。

伊晴媽媽雖理解父親有不得不支應弟弟和妹妹需要的理由，但沒想到父親竟對自己短時間的應急也不能伸出援手！儘管如此，伊晴媽媽仍想維持好女兒的自我期許，不僅沒有把自己的感受與家人溝通，也沒有和父親核對不答應的原因，仍與家人維持表面上的和諧。

大學畢業，伊晴媽媽順利進了一間外商公司工作。

伊晴媽媽工作後為擺脫過去窮酸的形象，開始注意裝扮。「買東西」成為樂趣，各式各樣的保養品、衣服，也是給自己努力工作的獎勵。伊晴媽媽不單單打扮得光鮮亮麗，工作表現也很亮眼，只是不太懂得職場倫理，剛進公司就讓帶她的經理頭痛不已。

伊晴爸爸當時是公司的副總，很欣賞伊晴媽媽的積極態度及能力，也常有意無意地提點伊晴媽媽做人處事的道理；於是，兩人的關係越來越好，也越走越近。

某次，伊晴媽媽趕著去見客戶，途中不小心發生車禍，人沒受傷但車子撞壞了；在情急之下，伊晴媽媽打電話向伊晴爸爸求助，伊晴爸爸接到電話立刻出面處理。這讓伊晴媽媽對伊晴爸爸的好感度大大提升，伊晴爸爸也趁勢告白，兩人開始交往。

伊晴爸爸常和伊晴媽媽聊到家人間的互動。伊晴爸爸是家中老大，伊晴的爺爺過世得早，伊晴爸爸高中時期打工所賺的錢，全是拿來貼補家用。伊晴爸爸口裡說著辛苦的過去，但臉上卻散發出滿足的笑容，這與伊晴媽媽打工的不安、高壓感受不同；這是伊晴媽媽難以想像與體會的。伊晴的叔叔和姑姑都成家了，但他們若有經濟上的困難，伊晴爸爸還是力挺到底。

每週，伊晴爸爸都會抽空返家陪伊晴的奶奶吃飯，每月全家人也會一起團聚、熱鬧無比。伊晴媽媽好羨慕這樣的家庭生活，決定要和這個男人一起打造自己的家。

家庭與工作的抉擇

結婚半年後，伊晴媽媽懷孕了！這非預期中的事，伊晴媽媽有些緊張，擔心會影響自己的事業發展。伊晴爸爸很期待有個孩子，看見妻子的焦慮，擔心會影響到胎兒的健康。有一天，伊晴爸爸很認真地對妻子說：「將來孩子出生，我可以卸下副總的職位，全心照顧孩子，妳可以繼續衝事業，不用擔心。」伊晴媽媽聽了相當感動，真心認為自己是嫁對人了。

想不到在伊晴媽媽懷孕後期，二人在孩子物品的添購上開始有些磨擦。伊晴爸爸認為接收恩典牌的二手物品沒什麼不好，畢竟孩子成長很快，如果所有的東西都要買新的，會是一筆不小的開銷，而且也造成物資的浪費。但伊晴媽媽認為：努力工作就是要給孩子全新的、最好的，怎麼可以讓自己的孩子用別人用過的東西？

二人常常因此發生口角衝突。伊晴媽媽表達不滿的方式就是冷戰，把自己關在房間不說話、不吃東西，伊晴爸爸很難忍受空氣凝結的氛圍，因此總是先示好、妥協，一切順從妻子的安排，只希望妻子不要不高興。

在伊晴四歲的時候，妹妹伊萍出生了，一家四口如常地生活著。然而，在伊晴七歲時，伊晴媽媽的公司開出了一個高級主管職缺，條件是需要外派至新加坡工作一年。對伊晴媽媽來說，一方面是晉升的大好機會，另一方面可以暫時逃避面對家庭生活的疲憊，只是伊晴媽媽向公司申請後才告知伊晴爸爸這個決定。伊晴爸爸對於這個「被告知」有些無奈，但為了維持婚姻關係的和諧，只好嚥下這口氣。

伊晴媽媽外派到新加坡的這一年，白天伊晴、伊萍去上課，下課後就到奶奶家，爸爸工作忙完，接伊晴、伊萍回家吃便當，一起玩遊戲聊天。每天睡覺前會和媽媽視訊，聊聊生活趣事。

好不容易一年過去了，伊晴媽媽回台團聚。伊晴爸爸發現伊晴媽媽變得不愛交談、在家常擺著臭臉，加班的頻率也更頻繁了，爸爸開始懷疑媽媽是不是有外遇。於是，伊晴爸爸偷偷換了妻子車上行車紀錄器的記憶卡，讀取檔案後發現妻子和一位男生時常通話，對話中抱怨了很多自己的不是，甚至提到想要離婚，對方回應的內容相當曖昧。伊晴爸爸隱忍著內心的憤怒，預備找機會好好地和妻子談談。

某天，伊晴爸爸安排週末陪孩子們一起去露營過夜，伊晴媽媽意興闌珊，認為去樂園當天來回就好。伊晴爸爸內心的怒火大爆發，脫口說了：「妳是要和 XXX 去約會，所以不想跟我們去過夜，是嗎？」

「你說那什麼話？你怎麼知道ＸＸＸ？」媽媽瞪大雙眼，轉身就要離開。

「妳聽我解釋。」爸爸立刻伸手拉住媽媽。

伊晴媽媽堅持離開，兩人的爭執聲音也越來越大；這已經是他們這個月第五次吵架了。過去的爭吵已讓伊晴姊妹充滿不安，這次不只吵，還出現了肢體拉扯，伊晴、伊萍看見爸媽的拉扯非常害怕，她們放聲大哭後伊晴爸爸才鬆手。伊晴媽媽抱住姊妹倆，安撫她們進房間。這一晚，伊晴、伊萍在媽媽的懷中入睡。

【關係停看聽】

孩子說「媽媽不在時，爸爸、媽媽不會吵架，但我們會想媽媽；媽媽回家之後，我們每天有爸爸陪我們玩，也可以抱到媽媽，但爸爸、媽媽會吵架」，這樣的兩難，該如何解套？

但這一夜，伊晴媽媽無法入眠，看著熟睡的伊晴、伊萍，想起外派一年回到家看到的場景。記得那時是冬天，媽媽拖著行李，打開家門看到的是孩子們穿著已明顯變短的冬天衣服；瀏海長到蓋過眼睛，也沒修剪整理；桌上放著喝完沒收拾的飲料杯；鞋子也東一隻、西一隻地散落在玄關。

伊晴、伊萍見到媽媽回來，很開心地飛撲媽媽，大喊著「媽媽，我好想妳」，但蹲下抱著她們的媽媽好心疼，「我這麼努力打拚，他當時也說願意成為後盾，但如今卻把孩子、家裡照顧成這樣！」不捨孩子之餘，也怨著先生對孩子生活的無能。

伊晴媽媽期待能好好地整頓家庭，但每次反映孩子、家裡的狀況時，伊晴爸爸覺得整齊漂亮不是那麼重要，而總是說「我沒有留意到，我下次會注意」，然後就會把話鋒帶到「媽媽應該多參與家族聚會，全家多出去旅遊、散心，常常笑心情就會好，就不會這麼在乎那些枝微末節的小事」。

長期下來，伊晴媽媽覺得這個家似乎就是自己一個人的，丈夫總是不肯積極改善，這讓伊晴媽媽疑惑維持家庭的意義在哪？伊晴媽媽常常想：「『笑』、『表面和諧』如果真的能解決問題，那坊間幹嘛有這麼多婚姻輔導的單位，只要多開『演員訓練班』，訓練每個人演戲就好啦！」如今，爸爸不但沒體諒，還侵犯她的隱私、懷疑她有外遇，這真是壓垮婚姻關係的最後一根稻草。

伊晴媽媽想了一整晚，決定不再做一個「扮演家庭和樂的陪笑工具人」，因此隔天在LINE中主動向爸爸提出離婚請求，並告知自己會找房子帶著孩子們搬出去，爸爸如果要跟孩子們見面，事前聯絡她就好。

伊晴爸爸雖震驚，但不意外，他知道妻子的心早已不在他身上。這些日子的爭執也讓他覺得疲累，但總是說不過妻子、難以扭轉她的想法；加上自己需要照顧年邁的母親，有時也需要經濟支援弟弟、妹妹。雖然捨不得兩個孩子，但在這些壓力及眾多考量下同意離婚，不過他請伊晴媽媽留在這個家照顧孩子們，他會搬回老家住。

少了爸爸的家庭生活

從此之後，伊晴爸爸就沒有回來這個家吃晚餐了。伊晴媽媽總是和伊晴、伊萍說「妳爸爸就是這樣，只在乎自己」，伊晴聽著卻不敢多問什麼。過了一個月，伊晴媽媽跟伊晴、伊萍說「妳奶奶最近身體不太好，妳爸爸要搬去和奶奶住，不會跟我們住了」。伊晴爸爸搬離時心中百感交集，但也不知該如何向孩子說明，匆匆只跟孩子們說「我會再來看妳們」，就沒再說什麼了。爸爸沒住在家裡，伊晴一方面鬆一口氣，因為不用再看到爸爸、媽媽吵架；但另一方面也在想，爸爸是不是不要她們了？

自從伊晴爸爸搬出去之後，伊晴媽媽常約同事、朋友來家裡。聽到媽媽的同事、朋友們總是在伊晴、伊萍面前稱讚媽媽多能幹、多厲害，伊晴相當自豪有這麼一位了不起的媽媽。

某天，伊晴、伊萍已經回房間睡覺，伊晴媽媽仍和朋友們在客廳閒聊著，伊晴尿急醒來準備走出房門上廁所時，在門邊聽見了一段對話：

「妳還年輕，條件又好，既然已經離婚了，也要為妳自己的幸福打算一下，妳一個女人帶二個小孩沒有男人會有興趣的啦！妳家老大脾氣這麼拗，妳前夫一定不要，之前看他跟小的這麼親，他應該會想帶小的，妳就把小的給他帶吧！」朋友們在旁七嘴八舌地說著。此時，伊晴走出房門，客廳的大人們尷尬地瞬間靜默。

「寶貝，妳怎麼起床了？」媽媽問著。

「我想上廁所」，伊晴假裝沒聽到剛剛的對話，揉了揉眼睛走向廁所。

伊晴心裡好難過，原來爸爸不是回去照顧奶奶，是真的不要她們了。今天從媽媽朋友們的口中聽到這番話，證實了爸爸遺棄她們，是爸爸不要她，所以才會離開家之後都沒來看過她。這也讓伊晴越加不安。

從這天開始，伊晴更加地崇拜媽媽，也更期盼身邊的人知道媽媽的完美。學校在母親節前舉辦「我的媽媽」演講比賽，伊晴就主動報名參加，因為她想讓全校同學知道她的媽媽有多麼厲害。校外教學時，她就要媽媽幫她準備一個色香味俱全的便當，她想讓同學看見媽媽的廚藝是多麼好。在電梯裡，鄰居稱讚伊晴的頭髮綁得很漂亮時，伊晴也一定會得意的說：「這是我媽媽幫我綁的，我媽媽真的很厲害。」

只要一有機會，伊晴一定會向身邊的人說媽媽有多好。

【關係停看聽】

人在不安時如同溺水，會想盡辦法抓住身邊還能抓的東西。總是聽到媽媽不經意地說著爸爸自私、對爸爸不滿等等，這加重了伊晴的不安，更緊抓著與媽媽的關係。孩子心目中的「完美媽媽」，或許是意謂著「不會把自己丟掉的好媽媽」，所以極力輸誠。

伊晴爸爸並非不來看女兒，只是每次表達探視都碰壁，不得已只好採取守株待兔的方式來處理對孩子的思念。某個週六一早，爸爸回到過去居住的社區，守候在媽媽的車子旁，想碰運氣看看前妻會不會帶孩子們出門。

約莫十點，母女三人有說有笑地走出地下室電梯門，就在快走到媽媽車子旁時，爸爸突然現身。

「你來做什麼？」伊晴媽媽冷峻地問。

「我都見不到小孩，所以我來看看她們。」伊晴爸爸回答著。

此時，伊晴、伊萍已站在媽媽身後，一句話也不敢說。

「你突然出現，已經把小孩子嚇壞了，請你現在離開。」伊晴媽媽大聲說。

「我來見小孩有什麼不對，為什麼我要離開？」伊晴爸爸大聲地回應著。

伊晴想起過往爸媽在家的爭執，如今場景重現，忍不住放聲大哭，伊萍看見伊晴哭了，也跟著哭了起來。

「小孩已經被你嚇哭了，你再不離開，我就要報警。」媽媽一邊護著孩子，一邊回應著。伊晴聽到媽媽要報警，似乎更加確定不應該和爸爸接觸。

伊晴、伊萍的哭泣，讓爸爸有些驚慌失措，於是他隔著前妻對孩子們說：「寶貝，沒事，爸爸只是很久沒看到妳們，很想念妳們，妳們不要哭，爸爸買了玩具要給妳們，爸爸放了就會走。」於是，將自己買的那一袋玩具放在引擎蓋上後就轉身離開。

伊晴爸爸感受到前妻的不友善，擔心時間越久自己和孩子的關係會更疏遠。於是，在詢問專業人員後向法院提出了「聲請酌定會面交往方式」的訴訟，期待能透過法院的幫忙，讓自己穩定地見到孩子。

【關係停看聽】
爸爸無預警的出現，孩子怕的不是爸爸，而是怕過去父母爭吵時的場景會再重演。要改寫孩子腦中的劇本、減少孩子的焦慮和擔憂，是需要父母雙方「共同」努力的！

調解過程的會面安排

第一次調解時伊晴媽媽聲稱孩子過去目睹暴力，且伊晴爸爸無預警地出現在停車場，讓孩子很沒安全感，因此沒辦法單獨與爸爸見面；如果要見面，媽媽一定要在場。

調解委員來回說明、協調後，媽媽同意在機構社工的陪同下進行會面；爸爸基於婚姻生活中及離婚後與孩子相處情形的顯著差異，認為媽媽在場，自己一定沒辦法和孩子說話，只要媽媽不在場，自己能和孩子們說說話、關心她們的生活，什麼形式都可以接受，因此親子會面敲定了在機構進行。

在會面會談的前一天，媽媽知道得告知伊晴、伊萍此事，於是對孩子們說「妳爸就只會把事情搞得很複雜，要見妳們不好好說，竟然鬧到法院去。明天媽媽要帶妳們去社工阿姨那裡，之後妳們會在那裡見妳爸」，伊晴聽完情緒激動地大喊「我不要，為什麼我要見他，我不要……」，伊晴媽媽只好安慰說「寶貝，不用害怕，會有社工阿姨保護妳，媽媽會在附近，不會離開太遠的」。

經過社工與伊晴姊妹會談說明，伊晴姊妹同意會面，第一次在機構會面的過程算順暢，但返家後，伊晴擔心與爸爸的會面互動會引來媽媽的不悅，也覺得似乎對不起媽媽，因而告訴媽媽社工強迫她們和爸爸說話。伊晴媽媽聽了火冒三丈，認為社工怎麼可以勉強孩子，於是向機構表達對社工的不滿，且拒絕再進行機構會面；在調解破局之後，移交由法官審理。

訴訟程序的會面安排

開庭時，法官說明親子會面對於孩子們的意義，在法官曉以大義的勸說下，伊晴媽媽同意伊晴爸爸隔週週六下午三點在社區旁的公園與伊晴、伊萍會面，媽媽會在社區大門旁的警衛室等候。當孩子們表達想回家時，爸爸需尊重孩子們的意願，不得阻擾。伊晴爸爸對於這樣的安排相當不滿，但法官告訴伊晴爸爸需要循序漸進，鼓勵先試試看，伊晴爸爸只好勉強答應。

這週六下午三點是伊晴、伊萍第一次在公園和爸爸會面。伊晴爸爸記得再過三天就是伊萍的生日，於是準備了伊萍喜歡的扮家家酒玩具要送伊萍。當天爸爸很準時地在社區旁的公園等候。

等到了三點半，爸爸總算看見媽媽帶著伊晴、伊萍走向公園，媽媽邊走邊在伊晴耳邊說：「妳看妳爸，明明就看見妳們要過馬路了，也沒有要走過來牽妳們的意思，妳要牽好妹妹，知道嗎？」伊晴點了點頭，牽著伊萍的手準備過馬路，媽媽則是轉身離開。

「寶貝，爸爸好久沒看到妳們，好想妳們，妳們都長高了耶！」爸爸很開心地說著。爸爸見伊晴、伊萍沒回應，又接著說：「姊姊現在三年級、妹妹讀大班，對嗎？」

「嗯。」伊晴板著一張臉回應。

「妹妹，爸爸記得再過三天就是妳的生日，爸爸今天帶了生日禮物要送妳喔！妳看。」伊晴爸爸一邊說著，一邊拿出準備好的生日禮物要送給伊萍。伊晴看見這一幕，心都碎了，爸爸真的只要妹妹！

「我們不要你的東西。」伊晴很難過，且認為自己有保護妹妹的責任，所以看見伊萍抬頭要伸手拿時，立刻出聲並向前一步阻止。

「對，我們不要。」伊萍愣了一下，看見姊姊的反應後跟著附和。

「我們要回家了。」伊晴真的太難過了，只想回去找媽媽。

爸爸還來不及回神伊晴就帶著妹妹奔回社區。伊晴見到媽媽，抱著媽媽一直哭，伊晴媽媽認為爸爸一定又再勉強孩子，才會讓伊晴害怕到哭成這樣。幾次下來會面狀況差不多都是如此，不到五分鐘伊晴就要回家，爸爸好難過也好錯愕。

【關係停看聽】

哭，其實蘊涵著許多種情緒，害怕會哭、感動會哭、難過會哭、委屈會哭……，伊晴的哭是哪一種呢？爸爸和媽媽了解嗎？

程監進場

好不容易捱到了開庭，法官詢問四次社區會面進行的狀況。

「回覆法官，孩子們都有去、都有配合。」伊晴媽媽搶先回答。

法官把臉轉向爸爸，詢問狀況。

「哎，有見等於沒見。」伊晴爸爸無奈地說著。

法官發現狀況不對勁，請伊晴爸爸多說一些，伊晴爸爸將會面經過告訴法官。

「孩子們都配合了，你還在那裡不滿什麼！」伊晴媽媽搶著回應，法官只好出聲請她遵守法庭秩序。

法官見伊晴的父母已無法友善溝通，因此告知會選任程監協助，並說明程監角色及相關費用，請雙方配合程監的安排。伊晴媽媽雖然有些不滿，但不希望法官認為是自己在干擾會面，因此同意配合。

程監接到案件後，就分別與伊晴爸爸、媽媽聯繫約定會談時間。某個週六下午，程監到伊晴媽媽家進行會談。在自我介紹、說明程序，以及確認今日可使用的空間後，就展開會談。

程監先和伊晴談話，伊晴帶程監進去自己的房間，兩人就從伊晴有興趣的事開始聊起。

「這是媽媽送我的，媽媽知道我喜歡玩拼圖，就帶我去買這個，這個是我自己拼的喔！」伊晴很驕傲地拿起立體拼圖給程監看。

「老師妳看，這是媽媽在我生日時親手寫的卡片。妳看，我媽媽的字很漂亮吧！」伊晴很得意地說著。

談起媽媽，伊晴的眼神發亮，形容媽媽是一位「完美無缺」的人；談到爸爸時伊晴便會露出鄙視的眼神，說爸爸是個「只在乎自己、不積極」的人。提到會面，伊晴有更多的抱怨，抱怨爸爸什麼事都做不好，爸爸不懂自己喜歡的東西。

結束後，接著和伊萍談話，程監順應著伊萍的堅持，在伊晴的陪同下一起在主臥室裡會談。伊萍拿著娃娃跑來跑去，有一搭沒一搭地與程監互動。當談到爸爸時，伊萍會暫停一下，此時伊晴就會搶答，隨後伊萍就順著姊姊的說法再說一次。試了幾次都是如此，因此程監很難了解伊萍對爸爸的印象。

不過經過幾次的訪談、互動，程監和孩子們的關係越來越熟悉，孩子們也同意在程監的陪同下與爸爸會面。

這天會面約在家裡附近的速食餐廳，為避免額外的紛爭，程監事先向媽媽確認了孩子餐點的內容，並轉知由爸爸協助點餐。餐點送上來時，程監對伊萍說：「妳今天吃薯條啊！」伊萍還來不及回答，伊晴並不知道這是媽媽為了方便用餐，所建議的餐點內容，就搶著說：「這是爸爸點的，爸爸就是會給我們吃這種沒有營養的東西。」

爸爸分別帶了伊晴、伊萍喜歡的東西，伊萍很開心的看著；而伊晴撇著頭、嘟著嘴。隨後，爸爸開口說：「伊晴，妳幫爸爸看一下，爸爸買的對不對？」伊晴回頭發現爸爸買的是自己最喜歡的角落生物，二話不說地打開包裝。伊晴在爸爸持續溫和邀請下逐漸放下心防，主動和爸爸分享很多在學校的事，甚至還提到自己喜歡的男同學。

過了約一小時，爸爸見伊萍對禮物沒這麼新鮮了，就邀她們去遊戲區玩，伊晴不想去、想繼續玩爸爸帶來的玩具，爸爸不勉強伊晴，就帶著伊萍前往遊戲區；伊晴有時也會把自己的作品拿過去給爸爸及妹妹看。伊萍玩夠了，很開心地牽著爸爸的手走向程監，此時會面時間也差不多到了尾聲。

伊晴起身牽著伊萍走在前，程監和爸爸跟在後目送著伊晴、伊萍進社區。未料，爸爸及程監在離開前，聽到伊晴見到媽媽第一句話就說「超無聊的，我早就想回家，都是老師和爸爸說什麼時間還沒到，不讓我回家」。伊晴苦著一張臉，表達著會面讓她受盡了折磨與委屈。媽媽則是一肚子火，認為爸爸又沒有遵守約定，在內心又記下一筆。

幾天後，程監接到媽媽的電話。媽媽說：「伊晴那天回來，就說會面很無聊，又開始對我發脾氣，伊萍也不開心。你們說什麼會面對孩子好，我也配合了，但到底哪裡好？我一個人要上班，還要帶小孩，她爸沒出現都沒事，一出現孩子狀況就很多，到底有完沒完……」

程監聽著媽媽的抱怨，同時心裡也想著：「大人的不友善，孩子們真的承受了很大的壓力啊！」

伊晴爸爸明白了孩子們夾在中間的辛苦後，和程監討論的是怎麼讓孩子在會面過程中舒服、自在一些。爸爸不想為難孩子，只想讓孩子們知道，即便爸爸媽媽沒有在一起了，他愛她們的心依然不變。

從會面中，程監看得出來伊晴、伊萍與爸爸之間並非無法互動，但因為父母間的緊張關係，使伊晴受到很大的影響，無法自在地會面；在會談過程中，也看到伊晴的不安，心理上需要緊抓著媽媽好穩住晃動不定的安全感。

這些強烈的情緒困擾，並非程監與伊晴有限的接觸機會下，可以幫忙伊晴掙脫的；

這也不是程監的角色和功能，需要有個專屬於伊晴的心理專業人員來協助伊晴做情緒調節，找回她的安全感，方能開放自在與父母雙方相處。

同時也需要有專業人士協助伊晴的爸爸媽媽深入理解孩子的為難，調整作法，友善合作，以修復伊晴受創的心靈。因此，程監在報告中寫了：「建議伊晴父母能為伊晴積極安排心理諮商，解除／降低其面對父母離異的不安及被遺棄感；也協助父母體認，為了孩子的身心健康成長，必須友善合作、促成會面，幫助孩子能與父母雙方維繫關係。」

期盼能因著心理專業人員的介入，讓這個家雖然經歷了風暴，但大家能在自我調適之後，用彼此都舒服、自在的方式連結著。

▼關係處方箋

▼要溝通、要省察，才不會讓成長經驗成為婚姻的絆腳石

在新婚磨合的過程中，生活經驗分享是很重要的。透過分享，可以了解彼此的價值觀、對方在意的點是什麼。生活中的具體事務也是需要持續溝通討論、找出共識，如：家中理財規劃、家務分工、與原生家庭的關係維繫、子女照顧教養、夫妻間互相的支持等等。平時就需要空出一些時間，彼此傾聽、討論，一起建立小家庭的新模式。

文中伊晴爸爸、媽媽都是排行老大，但他們的原生家庭互動方式很不一樣。伊晴爸爸看重「和睦關係」勝於一切，所以用退讓、配合的方式來換取「好的關係」；只是日子一久，發現狀況並非預期，自己的需求沒有讓對方清楚了解，委屈的情緒也就越加濃厚，此時只要稍微有個引爆點就會爆開。

而伊晴媽媽「捍衛自我」的狀態相當鮮明，過去的成長經驗讓她認為「要積極努力工作、賺錢，每個人都應該優先照顧好自己的小家庭，不能等著別人來幫助自己，助人也要有一定的限度」。所以當問題一來，無力顧及人際的和諧，以慣用的思維面對問題。但她沒有意識到，過去強大不安下的經驗所產生的影響。

若伊晴的爸爸、媽媽能適當自我覺察及溝通，可能可以增加處世的彈性，並將各自看重的部分，例如人際和諧、要積極努力安定自己的小家庭後，再適當助人等部分傳遞給子女，相信可以幫助孩子看見事情的多元角度，減少僵化、單一的狀況。

很可惜的是，文中伊晴媽媽外派回來後，仍是用過去自己面對問題的方式在要求、提醒丈夫維護自己的小家庭；伊晴爸爸也更明顯地採取自己過去「笑笑看待生活、和樂為主」的方式在要求、提醒妻子。兩人越是固著，越缺乏彈性，結果就是談不下去。

伊晴媽媽感受到的是「自己在撐起這個家」；伊晴爸爸感受到的則是「生活沒有這

麼多需要計較的事」，於是一個引爆點出現關係就崩盤了，孩子也受到牽連與影響。原本親子互動是正常、自然不過的事，卻因為父母關係的張力，變得不再單純、自在。

相信為人父母者，都會期待自己能陪伴著孩子長大。如何讓這個願望實現？撇開意外的狀況不談，重要的因素就是父母兩人之間的關係。當父母觀察到只要提到某議題，有一方就會跳起來，或雙方因此吵得不可開交，演變成「你追我逃、翻舊帳、人身攻擊」的局面時，記得要先緩緩，找雙方都可信任的親友協調，或尋求夫妻諮商，在專業人員協助下，重新探索自己話語背後的意涵，把自己的想法表達清楚，也要更理解對方的想法、感受，讓卡住的結稍微鬆開，才能達到溝通的效果。如此一來，對於如何照顧孩子也較能有共識，達成陪伴孩子長大的心願。

▼父母雙方越不友善，孩子的忠誠議題會更嚴重，以致於干擾孩子的情緒及表達

文中伊晴表達「社工強迫我們和爸爸說話」、伊晴大喊「不要會面」，在會面後說「自己被迫留下來」等等，這些與事實不符的說法都是忠誠議題的展現。在探討因應方式前，先來談談孩子為什麼會有忠誠議題。

每個人出生後，都需要仰賴他人照顧才能求得溫飽、安全成長，在安全的物理及情緒環境下，才有可能發展出真正的獨立性。「父母離異」可說是家庭嚴重擺盪的階段，孩子的安全感遭嚴重破壞、焦慮不安突然大幅升高。若父母彼此不友善時，孩子為了求生存、不被遺棄，就會讓自己的情緒、感受與照顧者同步。這就好比盪秋千，當秋千輕輕晃時，不需要抓得很緊，甚至還可以站著盪；但當秋千擺動得厲害時，為了避免摔下來，就只能坐好緊抓不放。

父母離異後，若可以合作照顧孩子，孩子就能漸漸穩定下來；若父母沒有穩下來，孩子為了求安定，忠誠議題就會出現。

忠誠不見得只針對單方，有時候也會忠誠於雙方。忠誠於同住方的孩子，不論在會面現場玩得多開心，返家之後一定會說「不好玩」，或不讓會面順利進行；忠誠於雙方的孩子，常見的就是「在爸爸家說爸爸想聽的話、在媽媽家說媽媽想聽的話」，兩邊都不得罪，有時候甚至可因此獲得些好處。只是不論忠誠於哪一方，孩子如此照顧大人感受的同時，也就是自己聲音消失的時候。

此外，伊晴對媽媽的描述是異常的完美，這也是忠誠議題的展現。伊晴不容他人懷疑媽媽的完美特性，這個信念甚至影響了同儕關係、情緒穩定。伊晴得要在心中把媽媽刻畫得夠完美，是自己崇拜、輸誠的最適合對象；其實也間接表達出「這麼完美的媽媽是不會像爸爸一樣不要我的」。「完美的媽媽」展現出伊晴深切的不安和恐懼！

因此，同住方與探視方友善合作，信任且尊重對方與孩子共處的時光，是非常重要的。唯有父母雙方友善互動，孩子才能回到自己的角色，自在且開放地與父母互動。能經驗、體認自己的感受，不需揣測、迎合大人的可能想法或隱晦的期待，而壓抑扭曲自己的感受；這時孩子才能學習調節情緒、發展成身心健康的人。

孩子的身心健康，是每位父母期待且努力的目標！

第六章

沒說出口的話

「成軒，我朋友推薦我去上投資理財課，他上期上完，照著老師說的方式理財，真的有存到錢！你要不要一起？」阿明詢問成軒。

「好啊！你連結給我，我也來報名。」成軒爽快地回答。

於是，成軒和阿明一同報名了理財課，成軒也在課堂上認識了他未來的另一半——純靜。成軒和純靜個性差異頗大，但彼此很聊得來。純靜大學畢業後留在北部工作，成軒很欣賞純靜的細心、獨立，有自己的想法與規劃，在成軒的追求下兩人終於成為情侶，交往三年後決定結婚。

純靜娘家在台南，成軒與父母住在桃園，因成軒和純靜都在北部工作，為了節省開支，兩人婚後決定先住男方家。

成軒家是開雜貨店的，與街坊鄰居關係都很好，大家就像是家人一般，而成軒的父親又是當地的里長，所以他們家時常有人進進出出。

成軒在勞動檢查處擔任檢查員，純靜從事產品包裝的工作，二人多半每天會回家一起吃晚餐，聊聊當天在公司發生的事。晚餐後，成軒會打電動放鬆；純靜則在一旁滑手機，上網看影片或逛網拍。

純靜偶爾會因為成軒的一些生活習慣與自己不同而嘀咕，成軒當下多半會順著純靜的期待，讓爭執緩和下來。只是事情過後，成軒若不滿當時的決定，會重新與純靜討論；這讓純靜很困惑，認為成軒出爾反爾，不知該如何溝通。

長孫出生

婚後一年，純靜懷孕了。成軒的父母相當開心，得知純靜肚子裡的寶寶是個男生，更是欣喜若狂，每日期盼著男孫呱呱墜地的時刻。

「純靜，妳想吃什麼就跟媽媽說，媽媽弄給妳吃。

「純靜，妳坐月子就不用回娘家，媽媽幫妳做就好。像妳大姑她們的月子，都是我幫她們做的，她們月子做得很好，現在冬天都沒這麼怕冷。我看妳體質也很虛寒，真的要趁著坐月子的時候好好地補一下。

「純靜，上、下班人很多，妳挺著肚子搭車太辛苦，妳讓成軒開車載妳上、下班就好。」純靜的婆婆很熱心地提醒各種事項。

「謝謝媽，我再想一想。」純靜個性獨立，很不習慣也不喜歡別人幫她規劃、安排，只是成軒認為媽媽一片好意，純靜不應該什麼都拒絕，於是純靜答應讓成軒每天接送她上下班。純靜懷孕時有段時間對聲音相當敏感，她受不了成軒的打呼聲，成軒只好睡客廳的沙發，就這樣過了數月。

岳廷出生後，成軒總算鬆了一口氣，不用再面對純靜的孕吐、沒胃口、睡不好等等，想著日子總算可以像過去一樣，他吃完晚飯可以打電動、稍微放鬆一下。

但沒想到，因著岳廷的出生，要忙的事比懷孕時期更多了！

「成軒，孩子的衣服要跟大人的衣服分開洗，你又放一起洗了。」純靜看見洗衣機裡滿滿一桶大人、小孩混在一起的衣服，相當傻眼。

「我想說這次洗的衣服都沒有很髒，所以就一起洗了。」成軒解釋著。

純靜進房間看見地上有一包換下來的尿布，深深吸了一口氣說：「成軒，換完的尿布要記得順手丟到垃圾桶，不要放在房間地上啦！」

「啊！我忘了，我換完時剛好媽叫我，我就忘了丟。」成軒再次說明原因。

一而再、再而三地發生這些狀況，成軒總是以「我下次會注意」來暫時平息戰火，但心裡壓根兒覺得生活不用這麼累，不用那麼緊張兮兮。

不過，也因為純靜的細緻，確實讓孩子有更好的生活環境，他心裡對純靜仍是有一些感謝的。

「純靜啊！我跟妳說……」婆婆沒敲門就直接開門走進房間。

「媽，我在餵奶！」純靜提高音量表達自己隱私被冒犯的不悅。

「好好好，妳先餵。」婆婆關了門走出房間。

「純靜，我弄了吃的……」婆婆又再次地沒敲門直接開門走進房間。

「媽，岳岳在睡覺。」純靜壓低音量表達目前不適合發出任何聲音。

「喔喔！我只是要跟妳說我弄了吃的放在桌上，妳記得去吃。」婆婆用氣音說完自己想說的話。

一次又一次，純靜覺得房間似乎變成公共空間，誰要進來就能進來，連一點點隱私都沒有。純靜能明白公公、婆婆對自己的關愛，但這樣的方式讓純靜覺得是種負擔與不被尊重。

成軒和純靜生了孩子後本來就有計畫搬出去住，也因純靜和公婆在生活習慣、教養上的差異，使得她時不時就向成軒提議，於是在岳廷二歲時一家三口搬出租屋居住。

有了二寶

岳廷三歲時純靜懷了第二胎。純靜依舊孕吐得厲害，成軒無法照顧純靜又同時照顧岳廷，於是常將岳廷帶回爸媽家，請爸媽協助照顧。

一日是純靜的產檢日，成軒一如往常地將岳廷載回爸媽家，再陪同純靜去醫院產檢，返家路上再去成軒爸媽家接岳廷。

「岳岳，你在吃什麼？」純靜聽見車子後座傳出撕包裝紙的聲音，問著岳廷。

「吃棒棒糖，阿公給我的。」岳廷開心地回答。

「媽媽不是說吃飯前不能吃餅乾、糖果嗎？而且你已經吃太多的糖果了。」純靜出聲阻止了岳廷把棒棒糖放入口中。

回到家時，純靜打了電話給公婆：「爸、媽，下次不要給岳岳吃這麼多甜的東西，那會讓他太興奮，影響他的發展。」純靜說著。

「岳岳就吵著要吃啊！哎唷，才一根棒棒糖而已，小孩子開心比較重要啦！」公婆回應著。

【關係停看聽】

在孩子心中，「棒棒糖」或許代表的是爺爺、奶奶對自己的愛。只是「吃糖」要如何規範，才能讓孩子在規矩中能仍享有、感受到這份愛？

純靜又再一次地感受到自己不被尊重，慶幸至少現在沒同住。過了幾個月，岳君出生了，是個女孩。岳君不如岳廷好帶，除了睡不安穩、胃口不好之外，也很容易生病，三番兩頭就得去醫院報到。因此純靜對於居住環境、岳君使用物品的清潔上，又更加要求了。

有一天，純靜準備拿奶瓶餵岳君時，發現奶瓶只有清洗、沒有消毒，又再次提醒成軒：「成軒，你洗完奶瓶要記得消毒，妹妹的體質比較不好，真的需要多留意一點。」純靜面對成軒的粗心，相當無奈。但經過這麼多年，純靜漸漸明白，若成軒沒有意願改變，不管說多少次、用多少不同的方式提醒都沒用。

然而，成軒認為純靜看不見自己的進步，專找自己沒有做好的部分說。面對不斷地「被挑剔」，也讓成軒很挫折。

內心的不滿層層堆疊

某天，成軒開著車載著純靜和兩個孩子外出，有台車突然變換車道，插進成軒車子的前方，對方的行為激怒了成軒，成軒猛按喇叭，並變換車道開到對方車子旁邊，示意對方停車。

「成軒，孩子在車上，你不要這樣。」純靜出聲制止成軒的行為。「是對方的行為不對在先，應該要讓他知道這樣有多危險。」成軒不理會純靜的阻止，開了車門準備和對方理論。對方自知理虧，不停地向成軒道歉，之後成軒得意揚揚地回到車上。

回到家後，成軒打開電腦上線打電玩。純靜看著成軒，心裡想著「即便有了兩個小孩，你好像還是沒有意識到你已經結婚、你已經是個爸爸；而我，就像是有三個孩子的媽」，純靜沒把話說出口，嘆了口氣後就走出房門。

好巧不巧，成軒想起稍早外出買的啤酒還沒冰，於是拎著啤酒走到廚房。打開冰箱發現冰箱塞滿了岳母寄來的一盒盒小菜，成軒大聲說著：「叫妳媽一次不要寄這麼多小菜來，冰箱沒空間了，我的啤酒冰不下。啤酒不冰是要怎麼喝。」純靜心裡已累得不想回話了。

該晚睡覺前，純靜表明會讓自己的母親來同住，協助她照顧孩子，減輕照顧壓力。成軒聽完一頭霧水，於是開口問：「怎麼了嗎？不是都好好的？」純靜只回：「我累了，想先睡了，我媽明天就會來。」

成軒完全無法理解發生什麼事？明明都好好的，自己也會幫忙，純靜為何突然有此決定？

自從純靜媽媽北上同住後，晚上睡覺時，純靜以「孩子若半夜哭鬧，媽媽會協助哄睡」為由，帶著兩個孩子和媽媽一起睡。成軒對這樣的安排萬分不解，覺得自己莫名奇妙地被劃分出去，感受相當不好。

每天晚餐後，是成軒與岳廷的父子時光。成軒會帶著岳廷玩軌道車、機器人，也會抱著岳廷飛高高。之後，父子倆一起洗澡，洗完後由純靜接手帶岳廷回房間準備睡覺。

這一天，成軒一如往常地陪岳廷玩。洗澡時成軒問岳廷：「岳岳，你今天要不要跟爸爸睡啊？」岳廷馬上點頭答應。當父子倆洗完澡後，純靜準備接手帶岳廷回房間時，成軒開口說：「今天讓岳廷跟我睡吧！妳要哄二個孩子睡覺太辛苦了。」純靜一愣，彎腰低頭問岳廷：「你今天要跟爸爸睡嗎？」岳廷點了點頭，純靜沒再堅持，只是提醒成軒岳廷睡覺前的習慣。

接下來的每一天，成軒都用不同的方式，想辦法讓岳廷在自己的房間過夜，成軒和純靜維持著表面平和的互動，但兩人關係越來越僵化。純靜覺得這已經不是她想要的婚姻生活，於是向成軒提出離婚的請求。

「我不要離啊！如果要離，那孩子就一人一個。」成軒堅定地回答著。在兩人無法有共識的狀況之下，純靜提出了離婚訴訟，並且爭取二個孩子的親權。

【關係停看聽】
當父母關係有張力時，「誰能陪孩子睡覺」無形中讓父母認定這是種自己在孩子心中地位的象徵，只是孩子的選擇，有這麼多複雜的思考、比較嗎？或只是喜歡與父母分別有不同的互動經驗？

訴訟後的生活

訴訟後，成軒回到自己的爸媽家住，剛開始他每天下班仍會回去吃飯、陪岳廷玩，此時，純靜多半和岳君在房內。每當成軒要離開時，岳廷就開始哭著要跟爸爸睡，成軒會帶著岳廷出門，開著車繞一繞，岳廷在車上睡著後，成軒就會把他送回家交給岳母。岳廷就這樣重複著睡前日趨嚴重的哭鬧，及睡醒後發現爸爸不在身旁的失落。

直到某天，岳君生病又哭又吐，這段時間剛好純靜媽媽回南部，純靜忙得不可開交，成軒提議先帶岳廷回爸媽家過夜，好減輕純靜的負擔。從這天開始，岳廷多半和成軒住，鮮少回純靜家過夜。

約過了數個月，成軒幫岳廷報了幼兒園，打算讓岳廷到學校上課。只是這件事成軒並沒有和純靜討論，純靜認為成軒不尊重自己，兩人發生口角爭執。

有一天，純靜想帶岳廷回台南娘家玩。岳廷不願意，純靜半哄半騙地要岳廷一同前往，成軒認為純靜要尊重孩子的意思。過程中兩人發生肢體拉扯，純靜報警，警員協助進行家暴通報。此次純靜沒有順利帶岳廷回南部。

在二次衝突後，成軒和純靜的關係越來越差，岳廷也被捲入大人的世界，和父母同處一個空間帶來相當多困擾。成軒感受到岳廷的壓力，就沒有再帶岳廷回純靜家，只讓岳廷和純靜通電話。但每次岳廷講沒幾句就玩玩具去了，通話品質相當不好。

訴訟時，成軒和純靜在調解階段都不肯讓步，成軒堅持若要離婚，孩子就是一人一個，他要帶著岳廷；純靜則堅持要二個孩子的親權。調解委員只能協助擬定會面時間：一週岳廷回純靜家過週末；下一週岳君回成軒家過週末，剩下的部分移交法官審理。法官審理時發現雙方對於子女議題僵持不下，因此選任程監介入。

【關係停看聽】
若父母能先將自己照顧好，再帶著孩子一起去面對緊張、有壓力的情境，這會帶給孩子什麼不同的經驗？

在爸爸家的訪視

程監接受法官的選任後，開始與成軒和純靜聯繫。雙方對於程監介入的目的都清楚且配合度高，程監稍微了解孩子們的作息後，很快敲定訪視時間。

這週末輪到岳君來成軒家，程監約了週六中午過後孩子們的遊戲時間至成軒家進行訪視。岳廷看見程監來訪，只是稍微暫停了手上的遊戲，但不一會兒又開始繼續玩，程監也隨手拿了一台地上的車子和岳廷互動起來，岳廷、岳君二人和程監玩得不亦樂乎。

過一會兒，程監邀請成軒加入遊戲，程監發現岳君會一直要得到成軒的關注，時常喊著「爸爸，你看」。或許因為成軒平時沒機會和岳君互動，因此也特別關注岳君的一舉一動。岳廷似乎覺得無聊，自己就跑到一邊去打電動。

程監走向在一旁打電動的岳廷，簡單地自我介紹，見岳廷不排斥單獨和程監談話，程監向成軒示意一下就帶岳廷到房間會談。程監拿出事先準備好的圖畫紙及彩色筆讓岳廷畫「我的家」。

「這是我爸爸、這是我、這是我媽媽、這是我妹妹。」岳廷介紹著。

程監繼續用圖畫與岳廷對話，關心岳廷這些時間的感受以及期待家人怎麼住。

「我不知道爸爸、媽媽怎麼了，有一天開始，爸爸就不在家裡睡覺。我覺得好奇怪，我問媽媽，媽媽好像不太想說；我問爸爸，爸爸只有說他很愛我，但感覺他有點難過，我不希望爸爸、媽媽難過。

「所以如果我們不能一起住，我希望我們住隔壁，我和爸爸住左邊，媽媽和妹妹住右邊。我平時可以去隔壁找媽媽、和妹妹玩，晚上可以回來和爸爸一起睡；妹妹可以陪媽媽睡。這樣爸爸、媽媽都不會難過了。」岳廷表達自己的想法。

程監同理著岳廷的感受，只是話還沒說完，岳廷又開口補充其他事件。

「還有，上次我不想跟媽媽去表哥家，結果爸爸、媽媽就吵架，還有警察來我們家。媽媽那時候好兇，我覺得是我做錯事了，我真的很害怕。之後，我再跟媽媽見面時，她沒有生氣了。她還是一樣對我很好，但我就是覺得怪怪的，好像有些話不能問、不能說，跟之前不一樣。」岳廷把對媽媽的感受描述的更清楚一些。

程監輕拍岳廷，告訴他這一切很不容易，但並不是岳廷做錯事。程監詢問岳廷會不會想把這些話直接跟媽媽說？岳廷聽到程監這麼問，有點害怕、又有點期待。

「真的可以嗎？我沒有跟媽媽說過這些，我不知道要怎麼說。叔叔你可以陪我一起嗎？」岳廷問著。

程監進一步與岳廷討論可以怎麼安排這樣的對話機會，以及核對岳廷內心的擔心，此外，也保證自己一定會在場陪伴。

在媽媽家的訪視

隔了一週，換岳廷到純靜家，程監依約前去訪視。岳廷和岳君對程監已不陌生，程監和母子三人閒聊。純靜分享上次會面帶著岳廷、岳君去兒童新樂園玩，隨後拿起手機打開照片和程監分享。只是每當純靜分享自己帶著二個孩子去哪裡玩時，岳廷就會插話分享爸爸帶他做了什麼事，此時純靜會沉默，或開啟其他話題。

程監觀察到純靜很努力地維持和孩子之間的關係，但感覺得出來母子間有些隔閡。在這個家裡，有些話似乎不能說，或是即便孩子提到，也不會有人給予正面的回應，因此程監表達想和純靜單獨會談。於是，孩子們到房間去找外婆，程監與純靜在客廳談話。

程監回饋自己的觀察，純靜先是一愣，她以為自己像過去一樣地愛孩子就沒問題，沒想到還是被發現當中的隔閡。她深深吐了一口氣，說：「岳廷住他爸那裡之後，我可以感受到岳廷和我有些距離，他不會像以前那樣『媽媽長、媽媽短』的。我不知道那個距離是從哪裡來的，是我想太多？還是因為我們沒有住一起？還是他爸跟他說了什麼？

「只是，我和他爸不可能繼續在一起，我很不想讓孩子們知道之後心裡難過，也不知道該怎麼說才好，所以我才選擇什麼都不說。我以為我像過去一樣對他好就沒事了。」純靜告訴程監自己這些日子的感受。

程監感受到純靜的困擾，分享了一些如何與子女說明離婚的方式，鼓勵純靜可以準備且練習，找合適的時間向岳廷說明。

「我跟岳廷說的時候，你可以在場嗎？我單獨跟他說，岳廷壓力應該不小，我希望讓他減輕壓力。」純靜表達請求，程監表示同意。

在結束會談後，岳廷、岳君已在房間睡著，純靜的媽媽走出房門，見程監還在，就說：「一個大男人，錢沒賺多少，我好心寄小菜過來，也要被他嫌東嫌西，我女兒嫁給他真的受了很多苦。」程監打了聲招呼後也就離開純靜家。

一場破冰的對話

這天是岳廷來純靜家的日子，純靜做好功課，也約了程監，期待能向岳廷表達這些日子的感受及爸媽準備離婚的事。程監到了純靜家，先單獨和岳廷說明稍後會發生的事。岳廷有些緊張，也有些期待，因為他期待能繼續和媽媽有好的關係。

媽媽用繪本告訴岳廷未來他會有兩個家，一個是爸爸家、一個是媽媽家。雖然爸爸、媽媽沒有住在一起，但都很愛他、很希望陪伴他長大；而且爸爸、媽媽的分開，不是岳廷做錯什麼事，是爸爸、媽媽住在一起有困難而做的決定。

媽媽說完後，程監問岳廷有沒有什麼話想說？岳廷說：「媽媽，我真的很討厭去台南鄉下，那裡蚊子好多，而且廁所在外面，我晚上都不敢去上廁所。只是上次我說我不要去，就有警察來我們家，我真的好害怕，我之後可以不要再去嗎？」

媽媽聽完，才知道上次事件原來對岳廷心裡造成這麼大的影響。除了向岳廷道歉外，也允諾岳廷若不想去，不會再勉強岳廷。媽媽說完緊緊地抱住岳廷，岳廷再也忍不住壓抑許久的情緒，在媽媽懷裡放聲大哭。

程監看著媽媽，微笑地點點頭。這一幕好珍貴，期待未來岳廷不論是和爸爸住，或是和媽媽住，都能輕鬆、自在。

▼關係處方箋

▼用恰當的方式讓孩子知道父母離異是重要的

決定走入婚姻的情侶，都希望對方就是陪伴自己一生的伴侶，不過「相愛容易相處難」，往往讓婚姻走到盡頭的，多半是因彼此價值觀不同，在生活中引發一些衝突，使得當初的「愛」，漸漸地被消磨殆盡，最後只好離婚收場。

然而這個決定，對於夾在當中的孩子有著莫大的影響。一來，孩子不完全知道發生什麼事；再來，孩子未來的生活一定會受到牽連。因此，怎麼和孩子說「父母離婚」這件事顯得格外重要。

故事中，純靜用繪本的方式告訴岳廷父母分開的事，且再三保證父母對他的愛沒變，這樣的保證相當重要。然而，並非所有年紀都用同樣的方式說明，父母需要因著孩子年齡層的不同，調整告知的方式。

一、**幼兒園：**可以搭配繪本來說明，如：「搬過來搬過去」，讓孩子知道爸爸、媽媽沒辦法生活在一起並非是有誰不好，只是兩個人的個性不相同、生活習慣不相同，分開來生活對爸爸、媽媽來說是比較好的決定。再透過「愛的保證」讓孩子理解雖然父母分開，也不會影響孩子得到的愛與照顧。

二、**國小：**這年紀的孩子對於「關係」會有很多的疑問、好奇，可以搭配「我有兩個家」的繪本，讓孩子更具體知道父母離婚後生活可能的樣貌，並且接納孩子在過程中出現的情緒。

三、**青春期：**此時的生活重心多半是學校、同儕之間，不見得會想知道父母離婚過程的細節，因此可以讓孩子知道父母離婚對他的影響是什麼，保留一些空間讓孩子好奇時發問。

此外，也有一些不論孩子在哪個年齡層，都需要留意的原則：

一、**要讓孩子知道，父母相處遇到的困難與孩子無關：**孩子或許知道父母在吵架，但至於引發爭執的原因不見得完全清楚，如果父母在孩子行為不如己意時，把父母爭執的原因歸咎在孩子的行為上，如：「都是你不認真，害我和你爸吵架，你可以認真一點嗎？」如此一來，孩子就會認為「是我害爸爸、媽媽吵架」，若最後演變成離婚，孩子也會推論為「是我害爸爸、媽媽離婚」的。當孩子認為自己是父母婚姻的殺手，不難想像這千古罪人的罪名，會如何影響孩子的心理。

二、**不要從親子關係中找同盟**：人受委屈、生氣時，向人傾訴、尋求慰藉乃人之常情，亦會期待和自己親近的人，能與自己是同一陣線。只是很多夫妻變成父母之後，沒有了社交生活，最親近的對象變成是彼此和孩子，因此當自己在婚姻中受了委屈時，這苦水就會往孩子身上倒，孩子無形中也成為了自己拉同盟的對象，如：「我為這個家付出這麼多，還要被嫌棄，你說這樣對嗎？如果他決定要離開，你就留下來陪媽媽／爸爸。」選邊站不是孩子該承受的，對孩子來說是沉重的壓力。

三、**避免在孩子面前醜化對方**：相信夫妻走到離婚這步，對方一定有不少的行為、態度是自己看不慣或不能接受的，這些苦水不是不能說，只是不適合在孩子面前說，如：「你爸／你媽很不負責任，你都是我在養，他／她憑什麼說要來看你。」這會讓孩子很為難，若孩子和探視方關係好，就像是背叛了同住方一般。這樣的攻擊、醜化對方，受傷最重的其實是孩子。

四、**給予「愛的保證」**：要讓孩子知道，爸爸、媽媽即便沒有同住，都一樣愛他。同住方在照顧時，不論再怎麼生氣，請避免說出「早知道你這麼不聽話，當時就把你給你爸／你媽」；而探視方也記得要多次且重複地向孩子表達，自己雖然不同住，但愛孩子的心依舊不變。讓孩子知道，父母的離婚沒有帶走父母對他的關愛。同時也記得提供孩子能與父母維繫關係的環境，落實愛的保證。

五、讓孩子知道未來生活的變化，若孩子有疑問是可以討論的：不確定的生活會讓人處於惶恐與不安定中，所以離異父母需要讓孩子知道未來生活的變化，以及孩子會受到什麼影響。當孩子有疑問時，或父母的決定和孩子的期待不符時，也需要開放、真誠和孩子討論，在可能的範圍內，可以保留一點孩子自己做決定的空間。

離婚這件事在現今社會中並非少見，也有許多協助父母思考如何告訴孩子父母離婚的資源，善用管道幫助自己用適切方式和孩子說明，也是一種負責任的表現。

▼減少「應該」、當起「橋樑」，是成為合作父母的法則

婚後生活，常常不只是夫妻兩個人的事，很多時候原生家庭的習慣、期待，會影響婚後的生活安排，如：孝親費該給誰的父母？過年該回誰家過？生了孩子要在誰家坐月子？其實這些決定都沒有標準答案，但常因著文化、習慣，而產生了許多的「應該」，使得討論起來更加費力與拉扯。

故事中可以看見純靜需要私人空間、界線也比較分明；而成軒的父母與之不同。這並沒有對錯可言，只是雙方沒有橋樑也欠缺溝通，就容易產生不愉快，或認為對方不尊重人、難搞、麻煩。其實這並非無法解套，平時只要掌握一些原則，或許可以讓互動更順暢些。

一、**避免過度期待**：或許在成軒的心裡，他認為純靜嫁給他，住進他們家，自然而然就會和他的家人變熟、融入他們的生活方式。這樣的期待是不合理的，因為每個人都在不同的家庭背景下長大，有著不同的生活方式。

再來，婚姻中只是嫁、娶另一方這個人，而不是另一方的所有家人，因此不該要求住進自己原生家庭的夫或妻要一味地退讓、配合，而是需要找出兩方都能接受的生活方式。如：成軒可以向媽媽表達，若純靜在餵奶或哄孩子睡覺，就會把房門鎖上，讓孩子可以專心喝奶、睡覺，以此尊重純靜的隱私。

二、**對誰的原生家庭有意見，就需由誰出面當橋樑**：從故事中可以發現成軒的回應是站在原生家庭的立場來要求純靜配合、妥協，如：純靜懷孕時，成軒認為媽媽一片好意，純靜不應該什麼都拒絕。這樣的作法並非當橋樑，而是勉強自己的妻子配合自己的母親；久而久之，妻子容易在這樣的互動中感到無奈與委屈。

成軒要記得純靜嫁的是自己，不是自己的家人，因此成軒可以回頭去和媽媽表達「若有需要，我們會再跟媽媽說」之類的話，設法鞏固小家庭的關係。

另外，在教養方面，對誰的原生家庭有意見，就應該由誰負責出面溝通、協調。如：故事中純靜不喜歡孩子吃太多甜食，而成軒父母偏偏給了孩子棒棒糖，此時，應由成軒出面和父母溝通，通暢的程度可能優於由純靜來溝通。

三、**自己聽到的負面評價，需要重新詮釋再傳達**：在故事中，成軒曾經抱怨岳母寄太多小菜造成困擾的事，或許是因純靜照實轉述，以至於岳母在程監面前表達自己對於女婿的不滿。若發生此類狀況，純靜可告訴媽媽「家裡人不多，一次寄太多吃不完，東西放久了就不新鮮」之類的話，就能減少純靜媽媽心中的不舒服，也不會造成疙瘩。

上述是與原生家庭互動的一些原則。然而當面對對方照顧孩子，與自己的期待有所落差時，也有一些原則可以參考：

一、**要看到對方對於孩子的「好」多過於「不好」**：在故事中，可以看見純靜時常「提醒」成軒做不好的地方，但成軒做得好的部分卻被視為理所當然，如：成軒會空出時間陪孩子玩、能順利哄孩子入睡等。要成為合作父母的關鍵之一，就是能看見對方對於孩子的好；懂得欣賞、稱讚，就能放下許多的否定、批評。因此練習把焦點轉換成找對方的優點，是很重要的。

二、**不過度苛求對方要用自己的單一價值觀來帶小孩：**如同前文所述，很多生活安排、教養方式只是從原生家庭學習來的習慣，並無絕對的對錯。因此要成為合作父母的另一個關鍵要素就是「接受對方有他／她帶小孩的方式」。即便自己是主要照顧者，也不要過度要求對方要照自己的方式帶孩子。如：環境一定要多乾淨、作息一定要如何等等。（在不危害孩子安全、健康的條件下不要求）

有時候讓孩子有不同的生活模式，未來在適應生活的變動時，也會更加的順暢。凡事記得多一些「體諒」，少一些「應該」。當互動卡住時記得要停下來想一想，與身邊的親友討論，或尋求心理諮商的資源。在互動有一點點阻塞時就進行疏通，將有助於良好關係的維繫。當視野擴大、緊繃的神經能放鬆一些，在共同育兒的路上也會走得輕省一些。

第七章

童年只有一次，所以要……

「小翠，菁仔二包，結冰水來一瓶。」貨車司機將車子停在檳榔攤前，對著老闆娘大喊。

「小璇，妳出來幫姑姑把東西拿給陳叔叔，然後跟他收一百二十元。」小翠轉頭，對著屋內大喊。

「好。」依璇一邊回應，一邊從屋子裡跑出來。

「小璇來，錢拿好。」貨車司機打開車門把錢拿給依璇，依璇將手上那包檳榔和水交給貨車司機。

「小翠，謝謝喔！我走了。」貨車司機輕按了聲喇叭後離開。

我是王依璇，今年小學一年級，小翠姑姑是我的五姑姑，她在賣檳榔，我從小就是小翠姑姑照顧的，我喜歡住在他們家，我也喜歡幫忙把東西拿給客人，常來買檳榔的叔叔都認識我，他們對我很好，有時候還會給我零用錢。我想要一直這樣生活下去……

兩個不同的家

依璇的父母——鴻展和詠心——的成長環境很不一樣。鴻展有五個姊姊，他排行第六，和最小的姊姊差兩歲，和最大的姊姊差了十二歲。鴻展小六那年爸爸過世，媽媽扶養六個孩子很不容易，因此姊姊們都會幫忙。鴻展常常笑說：「從小管我的人很多，我怎麼可能會壞到哪裡去！」

鴻展的爸媽都喜歡看京劇，在家中收藏了不少臉譜，鴻展漸漸地也愛上京劇，大學順利考上京劇學系，畢業後加入劇團。在某次的表演中受了重傷，休養幾個月後，他決定轉為幕後工作人員，協助打理劇團的幕後。

詠心是家中老大，底下還有一個弟弟和一個妹妹。從小詠心父母就很在意孩子們課業、行為表現，認為女生要有女生的樣子，男生要有男生的樣子。雖然嚴格，但也給孩子們充分表達想法的機會。詠心在這樣的家庭教育下，外表看起來端莊規矩，內在卻很有自己的想法，能勇於表達自己的意見。

詠心就讀觀光系，當領隊帶團一直是詠心的夢想。大學畢業後詠心順利考取領隊的證照、在旅行社工作。後來因SARS關係，觀光業蕭條，不得已的狀況下詠心離開旅行社，找到餐廳的工作。

鴻展負責打理劇組人員的餐食。某日鴻展叫外送時，正好是詠心幫忙送餐。鴻展被詠心的外貌及親切的態度吸引，從那天開始，鴻展除了平時訂餐外，連下班後也會去詠心工作的店裡光顧。因多次的接觸，兩人開始有些簡單問候。詠心因多次送餐，對劇組的工作很好奇，加上鴻展也會找話題和詠心聊，兩人越走越近。過沒多久，鴻展向詠心表白，兩人戀情就此展開。

交往六年間，詠心換過另一個服務業的工作，做了二年覺得不是自己想要的，離職後找了行政工作。當時二人的關係穩定，只要不是巡演期間，鴻展的工作時間也算固定，因此決定結婚。

鴻展和詠心婚後在苗栗租房居住，兩人並沒有因此過著王子和公主般的夢幻生活，反而常因對方行為不如己意而吵架。詠心認為鴻展重視朋友勝過自己；鴻展認為詠心意見太多，常窮於應付詠心的要求。只是每每爭執過後，鴻展會先低頭，買詠心喜歡的東西討好詠心，兩人又可以過一段平靜的生活。

婚後二年，依璇的姊姊——依婷——出生。白天鴻展和詠心都要上班，當時詠心的爸媽正好退休，可以協助照顧依婷。鴻展和詠心在工作、生活品質的考量下，決定先讓依婷住在台中的外公外婆家，平日用視訊聯絡，假日才會去看看她，或帶她出來玩，這樣的狀況持續到依婷三歲。那年，依璇出生，外公外婆接手照顧剛出生的依璇，鴻展和詠心將依婷帶回家一起住。

鴻展和詠心並沒有因為孩子出生而找到較適切的互動方式，或是對對方的要求有些退讓，生活中反而有更多的酸言酸語，有時也會為了避免衝突而對對方陽奉陰違。

某日，鴻展因腳踝扭傷無法拖地，希望詠心能幫忙。詠心拒絕，她認為這是當初說好的分工，還補了一句「你去聚餐都沒問題，做家事就有問題，你自己想辦法把地拖完」。鴻展一氣之下推了詠心一把，詠心跌倒在地，詠心難以相信鴻展竟然會因為自己拒絕幫忙而動手！事後鴻展雖有道歉，也如過去一樣地送禮補償，但這一推確實讓兩人的關係更加疏離。

依璇出生後，鴻展發現自己的體力大不如前，因此請辭了幕後工作，在朋友的介紹下北上從事業務工作。剛好鴻展的五姊小翠住在桃園，鴻展為了節省開銷，平日下班後就住五姊家，週末再回苗栗，帶著詠心、依婷去岳父母家探視依璇。

在依璇七個月大時，詠心媽媽生病無法繼續照顧依璇，詠心又無法同時照顧二個孩子，在諸多因素的權衡下，不得不把依璇交給鴻展經營檳榔攤的五姐小翠照顧。白天小翠一邊顧攤一邊照顧依璇；晚上鴻展下班後也會抱著依璇和詠心、依婷視訊，週末鴻展再帶依璇回苗栗家。

詠心認為讓孩子長時間在檳榔攤生活並不妥，常唸著要把依璇交給合格的保母照顧，但鴻展認為詠心只會要求，卻沒有因此減少開銷，把錢存下來當保母費，於是二人發生口角的頻率越來越高，鴻展也常在電話這頭氣得大罵髒話。

依璇四歲時，鴻展和詠心協議離婚。離婚後，詠心搬回台中和自己的父母同住；鴻展繼續與小翠同住，依婷和依璇的親權由雙方共同行使。平日姊妹倆就與詠心同住台中，分別在國小及幼兒園就學。但一到假日依璇就會吵著要去小翠姑姑家，鴻展就會去台中帶著姊妹北上到小翠姑姑家過夜，也算是父女的會面時間。

因雙方的家庭生活習慣與規矩落差大，漸漸的，依婷開始拒絕去小翠姑姑家，鴻展不想勉強依婷，多半順著依婷的意思，要送給依婷的東西就請依璇帶回轉交。

詠心平常會讓兩姊妹閱讀課外讀物，她發現依婷可以安靜讀完整本書，依璇則是翻沒幾頁就會去鬧姊姊，或是跑來跑去，詠心認為這是因為依璇長期兩邊住造成的，因此有意減少讓依璇到小翠姑姑家的時間，以便訓練依璇的日常規矩。

詠心向鴻展表達自己的期待，鴻展拒絕，他認為依璇和小翠姑姑關係好，依璇也喜歡北部，因此也有意讓依璇來北部讀國小。小翠姑姑和鴻展站在同一陣線，對於詠心的要求非常反彈，她認為詠心只是一味地用自己的價值觀評斷一切，這件事應該要尊重依璇的意願。溝通破局後詠心提出了改定親權的訴訟。

經過多次調解，因雙方都堅持自己的立場，案件移交由法官審理。詠心主張小翠姑姑家的環境、教養方式不利於依璇的成長；而鴻展主張依璇七個月大就由小翠姑姑照顧，與小翠姑姑有穩定的依附關係，沒有理由不讓孩子自己選擇。因雙方互不相讓，法官期待確實了解小翠姑姑家居住環境及教養狀況，因此選任程監介入。

【關係停看聽】

當大人一味地用自己的視角在幫孩子決定時，是否了解孩子真正想要的是什麼嗎？

程監接受案件後，與詠心聯繫，確認依璇和詠心居住的時間，並約了訪視時間。此外也與鴻展聯繫，鴻展表示自己目前難以與詠心溝通，因此無法知道依璇何時才會來小翠姑姑家。

「過去假日我都會把依璇帶來，那時關係還沒這麼僵、詠心意見沒這麼多。但現在狀況這樣，我實在懶得跟她討論，是不是能請程監訪視時問一下詠心，什麼時候可以讓依璇過來，到時候妳再來訪視，我們都配合、歡迎。」鴻展說著。

程監同理鴻展的為難，但認為：鴻展若期待依璇和自己住，就無法省略主動溝通、確認的過程，因此程監先提供自己可以訪視的時段，請鴻展主動聯繫詠心後再回覆程監。鴻展只好勉為其難地同意。

詠心家的訪視

詠心和父母同住的房子是棟透天住宅，二樓是客廳和詠心父母的房間，三樓則是詠心和二個孩子的房間。程監抵達時，詠心帶程監上樓（當時詠心父母不在），只見依婷和依璇在客廳看卡通。

「阿姨來了，把電視關起來。」詠心說著。

依婷拿起搖控器把電視關上，並起身對著程監說聲「阿姨好」，此時依璇已跑到程監身邊，看著程監手上提著的東西問：「阿姨，這是等一下要玩的玩具嗎？」詠心立刻繞到依璇身邊，拉著依璇的手，說：「依璇，妳怎麼這麼沒有禮貌，妳去沙發那裡坐好。」依璇不知道是故意裝作沒聽見，還是玩具真的太吸引她，她仍然站在原地看著程監手上的那一袋物品。

詠心多次要求依璇坐好，依璇像沒聽見一般地繼續盯著玩具，於是詠心嚴厲地說：「我說過很多次，數到三妳再不坐好，等阿姨回家妳就知道了。」

程監蹲下對依璇說：「等一下我們會有一些時間一起玩，現在妳先聽媽媽的話，讓阿姨先告訴你們要做什麼。」依璇聽完後，應了聲「好」，就飛奔回沙發。此時，詠心嘴巴仍嘀咕著：「她就是這樣，靜不下來。」

程監用輕鬆的言談關心家庭生活，並說明今日來訪目的。依婷和媽媽的氣質比較像，中規中矩，她坐在沙發上分享自己的學校生活；而依璇就很不同，只要沒人關注到她，她就會離開沙發，一會兒去開外公、外婆的房門，一會兒去爬樓梯的欄杆。詠心時常大吼：「妳回來、不要開、不要爬，到底要我說幾次？」因此詠心也沒辦法好好地說話，程監可以感受到詠心帶依璇的吃力。

結束與詠心的討論後，程監要分別與依婷、依璇談話。當程監詢問「妳們誰要先」時，依璇很快舉手說：「我，我要先。」依婷爭不過妹妹，就說：「妳每次都這樣，算了，讓妳。」於是，依璇拉著程監往三樓的房間走去。

【關係停看聽】

當孩子不停被糾正，變成聽而不聞，是否也會期待有被肯定的時候？

依璇的內心世界

進入房間後，依璇迫不急待地請程監打開手上的玩具，她看見程監帶的扮家家酒組合，依璇好開心，大喊著「這個我也想要買，但媽媽都不買給我」。很快的，依璇和程監玩成一片，程監一邊和依璇遊戲，一邊了解依璇在二個家的狀況。

「小翠姑姑家有二個表姊，我們會一起玩，爸爸也住在那裡。爸爸工作很忙，姑丈工作也很忙，小翠姑姑每天都在門口賣檳榔，有時候我也會幫忙把東西拿給客人，客人都對我很好。

「我很喜歡小翠姑姑家，小翠姑姑常常買我喜歡吃的東西。我有自己的房間，也有很多玩具，小翠姑姑對我很好，我什麼事都會跟她說。

「我在媽媽這裡，也是有房間，但沒有玩具，媽媽都幫我準備很多故事書，但我不想看，在這裡很無聊。

「媽媽常常不准我跑來跑去，姊姊有時候也會一直管我，或是跟媽媽告狀。她們越想管我，我就偏偏不要乖乖的。我不喜歡姊姊，我比較喜歡表姊。」依璇一邊玩，一邊描述著她在兩邊的生活情形。

在程監和依璇會談的過程中，依婷會以要送水果進來或進來拿東西為由敲門，依璇會一邊說「姊姊很煩」一邊起身去開門。開門後，姊妹倆就是一陣鬥嘴，之後門就會關上。從這些過程中，程監觀察到姊姊很在意依璇。

最後，程監用小公仔拉出兩個家的距離，告訴依璇上小學之後，沒辦法和現在一樣，需要固定住在一個家之後，每次放假也不見得都能去住另一個家。依璇似懂非懂，但她心裡想著：「如果可以一直住在小翠姑姑家，那就太好了！每天都能很快樂，不像現在一直被媽媽和姊姊管，煩死了！」

依婷的內心世界

程監與依璇談完話後，接著與依婷會談。依婷不需要暖場，可以很直接表達自己的狀況，於是程監關心父母離婚後她的適應情形，以及她不想去會面的原因。

「我從小就和媽媽相處時間比較多，我和媽媽、外公、外婆都相處得很好，我知道他們都不喜歡爸爸，有時候我也會聽到媽媽和爸爸講電話時，爸爸會罵很難聽的話，我如果去找爸爸，覺得好像有點背叛媽媽。

「爸爸不是自己住，而是住在小翠姑姑家，小翠姑姑開檳榔攤，有些客人講話很大聲，身上刺青，然後滿口檳榔要跟我講話，我覺得很可怕。表姊和表妹整天都在看電視、打電動，那裡什麼都沒有，我不知道我去那裡要幹嘛，所以我就不想去了。」依婷解釋自己不去會面的原因。

程監繼續與依婷討論手足關係。

「妹妹不在，家裡只有我一個小孩，只能自己玩，我會覺得很無聊。雖然妹妹很不守規矩，但我還是希望她能和我住在一起。」依婷表達她渴望手足同住的心情。

「所以妳剛剛來敲門，真的是想知道妹妹講了什麼呀？」程監問著。

依婷點了點頭，傳遞著她對妹妹的在乎。程監肯定依婷的坦誠，但也表達妹妹和她個性上很不一樣的地方，同時告訴依婷可以怎麼和活潑的妹妹互動。

會談結束後，大家回到了客廳。程監說明之後會到小翠姑姑住處訪視，若有需要，會再和詠心約會談時間。此時，程監向依婷、依璇道別，依璇突然跑上前拉住程監，要程監再陪她玩、想再帶程監去看一樣東西，詠心出聲阻止，依璇才停止吵鬧。程監告訴依璇：「阿姨等一下還有其他的事情，所以沒辦法留下來陪依璇玩。」依璇點了點頭才和程監道別。

【程監的視角】
依璇不讓程監離開，像是一個內心寂寞的孩子，渴望能留住被好好陪伴與照顧的溫暖感受。

小翠姑姑家

在程監去詠心家訪視後沒幾天，程監接到鴻展的電話。鴻展表示已與詠心協調好依璇到小翠姑姑家的時間，並立即與程監敲定訪視日期。訪視當天，程監依循鴻展提供的路線，果然在路口就見到斗大的招牌——小翠檳榔。程監正準備上前打聲招呼時，剛好看見有客人上門買檳榔。

小翠見到程監，拉開嗓子說：「小姐，妳是要來家訪的嗎？」

程監禮貌性的回應著：「是的，不過妳先忙。」

「不忙、不忙，來來來，請進、請進。」小翠一邊起身，一邊回應程監。

「小翠，妳先忙，改天再來找妳。」客人拿了檳榔轉身離開。

「慢走，改天再來嘿！」小翠熱情地回應著客人。

「這些都是熟客啦！每個星期都會來。我在這裡做二十年了，街頭巷尾大家都熟。」

小翠一邊解釋，一邊把攤位的東西收拾一下，帶著程監進屋內。

檳榔攤旁的門打開後就是客廳，客廳的沙發皮有些龜裂，牆壁貼著的壁紙已略為泛黃，從東西的擺放、堆疊，可以看得出來小翠一家人在此居住很久。

「老師，妳這邊稍坐一下，我去叫依璇出來。」小翠請程監在客廳沙發稍候。

「依璇，老師來了。」小翠走向房間大聲喊著。

「阿姨。」依璇從房間跑了出來。

「哈囉！依璇，我們又碰面了。」程監起身回應著。

小翠見依璇和程監並不陌生，就讓程監留在屋內，自己開門繼續顧攤位。

「上次妳說，小翠姑姑家有很多好玩的東西，妳帶阿姨去看好不好？」程監說著。

「好啊！在我房間裡。」依璇拉著程監走向房間。

一打開房門，看見兩位表姊正在房間內玩手遊，見到房門被打開嚇了一跳，起身說著「老師好」，並且意識到程監要跟依璇談話，於是有禮貌地表示：「房間給妳們，我們可以去客廳玩。」語畢，兩人拿著手遊走到客廳。

「阿姨，妳看，這是我的房間。」依璇說著。原來依璇所謂「自己的房間」，是和表姊們一起共用。表姊們睡上、下舖，地板的厚床墊則是依璇的床。房間裡還有二張書桌，及一個大衣櫥。依璇的玩具其實只有一個表姊們不玩的洋娃娃。程監拿出自備的玩具，兩人就坐在地板的厚床墊談話。

【程監的視角】

「你快樂就好」是爸爸給的愛；「讓你的未來更好」是媽媽給的愛。在孩子的成長過程中，感受到被接納、包容與快樂的經驗是重要的；但接受規範、達成要求、更適應社會與環境也是重要的。當父母之間的差異成為婚姻關係中無解的難題後，對於孩子所需要的愛，是否也被迫只能擇一而不能兼具呢？

在這個家，看不到屬於依璇年齡層的學習物品，程監好奇依璇在小翠姑姑家都做些什麼。依璇說：「我會看電視、玩手機，可以吃很多的零食，有時候也會到門口和小翠姑姑一起做生意。在這裡沒人管我、罵我，不用讀書、寫字，每天可以跑來跑去，我很快樂。」

結束和依璇的談話後，程監從小翠口中得知鴻展在家的時間不多，依璇多半是她在照顧。小翠對於依璇未來的學習並沒有太多想法與規劃，她認為童年只有一次，希望依璇能開心地成長，畢竟她也是這樣把自己的孩子帶大的，現在都很乖、很守規矩，也沒有變壞。

再次拜訪詠心

在雙方家庭的訪視後，程監發現詠心的生活環境及作息安排確實較結構規律。程監想了解詠心怎麼看依璇這樣特質的孩子，因此再次與詠心會談。

「依璇和她爸真的很像，不管在個性上或是長相上，實在和我很不一樣。她行為很脫序、失控，妳上次來也看到，都要我罵她，她才會安靜下來，但罵完我自己也會很難過。我可以感覺得出來她很難融入這個家，但我不知道可以怎麼幫她。」詠心表達著自己的苦惱。

當程監請詠心思考依璇的優點時，這讓詠心陷入沉思中。「如果要說優點，或許是她很活潑、不怕生、可以很快地和人互動；她也常常天馬行空亂想，讓我不得不糾正她，但說實在的，有時也挺好笑的。」詠心說完似乎也放鬆了一些。程監鼓勵詠心能多看看依璇的優點，適時地肯定依璇，這可以幫助依璇在這裡有歸屬感。

此外，程監也協助詠心看到依璇對小翠姑姑的感情。雖然小翠姑姑並非依璇的父母，但依璇算是她帶大的，若詠心在安排減少見面的同時，能照顧到依璇對小翠姑姑的思念，對於她的情緒穩定會有很大的幫助。程監也提供一些課程資訊，讓詠心學習怎麼和自己性格不同的孩子相處，詠心相當感謝程監給予自己一些方向。

事後，程監嘗試聯絡鴻展，有意與他說明依璇這年紀孩子的發展需求，但鴻展認為童年只有一次，讓依璇快樂成長是自己唯一原則。在鴻展沒有動力、意願調整的狀況下，程監確實也難以使力。

「童年只有一次，在讓孩子快樂成長時如何兼顧必要的學習，以適應不同的社會情境及成長需求，確實是大學問！」程監訪視結束後，面對的將是這難以下筆的建議。

▼關係處方箋

▼面對性格和自己不同的孩子時，記得先找孩子的「優點」

俗話說「龍生龍，鳳生鳳，老鼠的兒子會打洞」，孩子就像是父母的縮小版，不過很多時候父母彼此的性格、習慣很不同，孩子有可能是像和自己很不同的另一方；若父母沒辦法和性格與自己不同的對方相處，要照顧與自己性格不同的孩子，真是難上加難。

當照顧者要照顧和自己性格迥異的孩子時，首先，照顧者需要增進對自己的認識，知道自己喜歡什麼、不喜歡什麼，而且得保留一個重要的彈性——和我不一樣的不是不好、不是不對；再來，就是要思考自己看不慣的性格中有哪些優點。

如故事上的描述，媽媽的個性較文靜、有規矩，但依璇很不同，她很活潑、大而化之，如果媽媽一直停留在「靜下來」才是對的，彼此就會有很大的拉扯與衝突，媽媽不僅照顧得很累，孩子也會覺得委屈。因此，媽媽可以調整眼光去看「活潑」的性格有什麼優點，如：不怕生、能較快地融入群體等。能看見優點時，就比較能跳脫「我的堅持才對」的思維。

接下來，要安排符合孩子性格的活動。像文中的依璇很好動、靜不下來，在活動的安排上，就要以「動態」居多，需要讓她學習在較有規範、目標的活動中使用體力、放電，而不是亂動。只是要一位性格文靜的媽媽陪依璇跑跳二、三個小時確實也過於勉強，此時就可以善用資源，如：找一些體能課、帶她去公園跑跳等。若依璇像鴻展一樣好動，鴻展與依璇相處時，也可以多安排一些體能活動，不僅能將依璇過剩的體力轉為較具結構性的活動，也能培養鴻展的親職能力。

總之，就是要順著孩子天生特質來照顧，孩子得到滿足，大人就不用費力拉扯。這就像是有些孩子天生睡眠時間長，嬰兒時期大人確實可以讓他每天睡得飽，但到孩子長大了，卻常常要求他要和一般的孩子一樣，壓縮了孩子所需要的睡眠時間，這樣孩子只會整天沒精神，要他好好吸收、學習，就是緣木求魚。

或許有些家長會擔心，讓孩子動這麼多會不會更靜不下來？其實不會，當孩子的活動需求被滿足後，一般就自然安靜下來、能專注學習了；如果仍有困難，就需要尋求專業的協助。只是一直糾正、責備不僅無法奏效，還可能帶來其他的負面影響。

然而，在接納孩子的先天特質表現時，仍然需要有難以撼動的底線，例如，當衝動性比較高的孩子，在行為上容易忽略自己的安全時，要教孩子分辨危險與安全，協助孩子設好安全底線，並且帶著孩子一次又一次地練習，就能降低孩子出現危險行為的可能性。

至於照顧者要怎麼持續地轉換眼光看待不同性格的孩子？或許平時可以在網路或書上找和孩子雷同性格的成功人士，看看他們的自我分享，有助於自己對於這類性格的認識與了解；或是與自己不同個性的朋友聊聊、與老師談一談，這些都可以再擴充自己的視角。用適合的方式來照顧與自己性格不同的孩子，一樣能和孩子建立正向又穩定的關係，這對孩子的成長也有著極大的幫助。

▼孩子因失落而唱反調，記得要讀出孩子的失落，並且給適當的選擇

「人生不如意十之八九」，這意謂著很多事情沒辦法照自己期待的劇本走，因此，期待落空所產生出來的失落情緒也在所難免。從依璇對小翠姑姑家的描述，看得出來她是希望在小翠姑姑家繼續生活的。

規矩限定較寬鬆、沒有學習壓力的生活，當下確實可以讓依璇很開心、自在；然而，在完全放任孩子自由發展，而沒有適當引導、規範之下，可能不利於依璇融入群體，且會錯過學習的黃金時期。因此父母雙方願意學習並調整教養和照顧方式，對孩子的健康成長是較有利的。

當依璇描述二個家時，可以明顯看出她的喜好。依璇用「無聊」來形容在媽媽家的生活，且因為一直被管，使得她不願意乖乖配合。若她發現自己無法如願地在小翠姑姑家住時，想必內心會有不小的失落，此時媽媽又用很多的「糾正、責備」來提醒依璇，試圖幫助依璇調整言行，以能符合規範融入家庭。但過多的糾正、責備很容易讓依璇認為「媽媽是不喜歡我的」，在感受不被愛的情況下，很難有「聽話、討喜」的行為；再加上依璇的行為可能並非故意，而是無法適當自我控制之下的結果，沒有適當的引導、協助，很容易造成惡性循環。

當孩子做出不合自己期待的行為時，照顧者試著去揣摩孩子行為背後的原因。以「跟鄰居打招呼」為例，孩子不打招呼有可能因為「在玩、在生氣、不認識、害羞」等等原因，此時需要照顧者嘗試去讀出孩子行為背後的原因，而非直接評價孩子的行為。如果照顧者讀到孩子是因為害羞而沒有打招呼，可以找適當時機跟對方說「這個孩子比較害羞，需要一些時間就會適應，熟了就會打招呼了」，孩子聽到了也有機會整理自己的狀態是「害羞」而不是「沒有禮貌」。若是屬於較嚴重的害羞、焦慮，可能要尋求專業協助。

若發現孩子可能因為失落而不斷測試、踩線時，照顧者可以用**「愛與同理—設限—給選擇」**的方式來回應。例如：孩子很想玩，但卻被規定要坐在椅子上吃飯，因此他一直把食物扔到地上。照顧者可以說：「我很愛你，我知道你很想玩（同理孩子的失落，給愛的保證），但你不能把食物丟在地上（設限），你要自己好好吃？還是你已經吃飽，不想再吃了？（給選擇）」。

要記得自己提供的選項是自己能接受的。若孩子表達「都不要」時，可以溫和又堅定的告訴孩子，「我知道這二個選擇對你來說很困難，那爸爸／媽媽來幫你決定其中一個」，有時候孩子反而因此能自己決定。不過「冰凍三尺非一日之寒」，建立模式、養成習慣也並非是件容易事，是需要堅持且持續的練習。

父母難免會有失控、暴走的時候，冷靜下來後要主動與孩子和解、認錯，要記得情緒、行為的責任是在自己身上，而不是要求要別人來承擔。此時，較適切的說法是「我剛剛……，所以我……」，如「我剛剛太生氣，所以我大聲吼你」，而非「都是因為你不聽話，所以我才吼你」。

雖然是因對方的行為才讓自己有負面的情緒，但自己可以選擇用不同的方式來回應，既然是自己選擇用「吼罵」的方式回應，這個行為的責任就在自己、而不是對方了。一直被踩線、被冒犯確實不舒服，但只要持續、穩定運用**「愛與同理－設限－給選擇」**的方式回應，相信關係會漸漸改善的。這是個不容易的過程，因此在這過程中，照顧者也需要為自己找到適切的紓壓和充電方式，才不會耗竭、功虧一簣。

第八章

活在真空的童年

我叫陳品彥，今年十六歲，我爸媽在我三歲時離婚。從那時候開始，我就跟爸爸住在一起。爸爸很生氣媽媽跟他離婚，在他們離婚後，爸爸開始喝酒，他喝完酒常常會把我叫起來，不讓我睡覺；或是大聲罵我，說我沒用、是廢物。

我上國小之後，我們常常搬家，我也常常轉學。我很怕爸爸，我只希望我趕快長大能賺錢養活自己，就可以不用跟他住在一起。

媽媽在我國小之前會來看我，但她每次來，爸爸都會找她麻煩，或是叫她拿錢出來。我上國小那一年，媽媽來看我時偷偷塞了張紙條給我，上面寫著她的電話。她說，她很愛我，但她真的沒辦法繼續來看我，當我想她時，可以打電話給她。

我不懂，媽媽既然愛我，為何要丟下我？為何不再來看我？這些話一直藏在我的心裡。我的家庭一點都不可愛，誰能理解我的感受？

一場拉鋸戰

嘟嘟～嘟嘟～美惠家的對講機響起。

「這時候會有什麼事？」美惠一邊走向對講機，一邊對著再婚的先生明聰說。

「王小姐嗎？有妳的訪客喔！直接讓他上樓嗎？」大樓警衛詢問著。

「我的訪客？方便問他是誰嗎？我沒有印象跟人有約。」美惠回應著。

過了一會兒，大樓警衛說：「他說他是妳兒子陳品彥。」

「他這時候怎麼會來，麻煩你幫我留住他，我立刻下樓。」美惠略帶疑惑地請警衛幫忙。結束通話後，美惠急忙換了衣服下樓。

美惠到了大廳，看見品彥一人坐在會客室的沙發區。

「品彥，你怎麼這時候跑來？怎麼了嗎？」美惠快步走向品彥，有點焦急地問著。

「媽媽，我可以跟妳住嗎？」品彥站起來，低著頭小聲地問。

「你先上樓，慢慢跟媽媽說發生了什麼事，好嗎？」美惠搭著品彥的肩，向警衛點了點頭，就帶品彥走向電梯。上樓後，品彥看起來有點不知所措，一句話也說不出口，美惠相信品彥一定有難言之隱，就暫時不繼續追問他離家原因。

「你吃飯了嗎？」美惠問。

品彥搖了搖頭。美惠說：「媽媽弄一點吃的給你，你吃飽可以先在媽媽家睡，不用擔心，要我跟你爸說一下嗎？」

品彥驚恐地退後，雙手在胸前交叉擺動：「不要，他不知道我來妳這裡。讓他知道，我就會被抓回去。」

「好好好，我先不跟你爸說，你今晚好好睡一覺。」美惠上前，輕拍安撫焦慮不安的品彥。

「喂，請問您要找誰？」一早，一陣電話聲吵醒了還在睡覺的美惠。

「陳品彥是不是在妳那裡？」文凱在電話那頭不客氣地問著。美惠聽到這熟悉——這輩子都不想再聽到——的聲音，立刻醒了過來。

「你沒顧好孩子，打電話來我這裡找人，我才要問你孩子是怎麼了咧！」美惠也不客氣地回應。

文凱從美惠的回應中，認定品彥就在美惠家，於是要求美惠叫品彥回家。美惠提醒文凱，當年離婚時有約定，品彥十六歲時，能自己決定要和誰同住，請文凱尊重品彥的決定。文凱說不過美惠，氣得掛上電話。

美惠知道文凱不會善罷甘休，在品彥起床吃早餐時，美惠看品彥神情平靜許多，就開口詢問：「品彥，你能告訴媽媽發生了什麼事嗎？」品彥知道爸爸一定會來找媽媽麻煩，於是點了點頭，暫時放下手上的食物。

「爸爸時常喝酒，常在酒後把我叫起來，不讓我睡覺，也會罵我『廢物、智障』。雖然他不會動手打我，但長期這樣罵我，我每天都睡不好，很怕他喝酒。

「昨天我比較早回家，發現他不在，桌上剛好又放了幾百塊，我拿了就趕快出門。我不知道可以去哪裡，所以才跑來找媽媽。」這些話讓美惠好揪心、好心疼。

美惠諮詢了社工人員後，就帶著品彥到派出所報家暴案，也讓品彥暫住在自己家中。幸好文凱不知道美惠住所，只是時不時地打電話來騷擾，美惠想讓品彥暫時穩定，因此只在電話上打發文凱，沒走法律途徑。

美惠慢慢了解品彥過去的生活，知道文凱不讓品彥讀高中，要他當學徒賺錢，美惠好心疼，因此幫品彥報了升學補習班，期待品彥能專心在補習班讀書，準備考高中。

未料，品彥在補習班不僅時常蹺課，在複習考時也作弊。美惠得知此事後氣到不知道該說什麼，同住的明聰他認為品彥需要好好地管教，就請美惠先回房裡休息。

這天晚上，明聰坐在客廳等品彥回家，品彥回家、脫了鞋後就打算直接進房裡。

「陳品彥，你等一下。」明聰出聲叫住品彥。品彥抬頭看了明聰一眼。

「你這什麼態度？回家看到長輩不用打聲招呼嗎？你把這裡當旅館是不是！你媽辛苦賺錢，幫你付這麼貴的補習費，結果怎麼樣？你蹺課，還作弊，你媽的臉都被你丟盡了！」明聰生氣地指著品彥的鼻子罵。

美惠在房間聽見明聰的聲音越來越大，擔心狀況會越演越烈，於是開門大喊「不要說了，讓我安靜一下好嗎？」瞬間空氣凝結，品彥轉頭回房間，用力地甩上房門。

隔天，品彥傳訊息告訴美惠：「媽，對不起，不是我不好好學習，是老師教的這些都很難，我聽不懂。我沒辦法繼續住在妳這裡，媽媽可以先借我一點生活費嗎？我出去找地方住，我會去打工，再慢慢還錢，我就不打擾媽媽和叔叔的生活。」美惠發現品彥的狀況似乎跟她想像的不一樣，於是和品彥約在外面咖啡廳好好地談談。

談話過程中，美惠明白品彥因學習落後太多，考一般高中對品彥確實有難度，但他對電腦有興趣，期待讀技職學校，美惠同意讓品彥往技職體系發展；品彥因著媽媽願意傾聽、願意調整，他的態度也有些軟化，同意接受美惠的安排。

【關係停看聽】

叛逆的孩子真的這麼壞嗎？還是他有難言的苦衷，需要大人的傾聽與同理？

這次談話後美惠安排品彥住在自家附近的一個小套房內，品彥每天依舊到補習班上課，準備考技職學校。美惠協助採買生活必需品，每天晚上也會過去關心品彥的生活狀況。同時，為了避免文凱繼續無理的騷擾，美惠決定提出改定親權的訴訟。

在調解過程中，文凱都以臨時有安排工作而請假不出席，美惠不願意繼續等待，因此案件進入訴訟程序。以美惠書狀所述，品彥過去的受照顧狀況確實讓人擔心，法官雖傳喚品彥到庭，且再三保證他不會和文凱碰面，但品彥在庭上多半只是點頭、搖頭，或是小聲簡答回應，這讓法官難以了解過去狀況，於是決定選任程監介入。

程監先與文凱聯繫，約好了週六上午十點到家裡拜訪，文凱在電話中爽快答應，表示會在家中等待程監到訪。當天程監到了文凱基隆的家，按了門鈴沒人回應，過了五分鐘，程監撥打數次電話，也沒人接聽，程監在文凱家門口持續聯繫並等待。等了約三十分鐘，總算有人回應，文凱在電話那頭聲音略為沙啞地說：「抱歉，我立刻去開門。」一

文凱把門打開，程監看見文凱穿著一件汗衫、牛仔及膝短褲及球鞋，衣物及鞋子有多處髒汙，睡眼惺忪、眼睛充滿血絲，蓬頭垢面，神情有些慌張。文凱頻頻道歉，表示昨晚工作忙到凌晨，不小心睡過頭，完全沒有聽到電話及電鈴聲。文凱一邊說，一邊帶著程監進入家裡。

文凱家不算小，是三房一廳的格局，但客廳沒有沙發也沒有桌子，只有一堆一堆的紙箱及果皮，地上放著菸灰缸，菸蒂除了在菸灰缸裡，地上也有許多黝黑的熄菸痕跡及菸蒂，雖說是客廳，看起來更像後院。除此之外，還有一堆堆空酒瓶。主臥室內有一張陳舊的雙人床墊及破損的床架，還有一套辦公桌及一台家用電腦，文凱表示是好心人的捐贈。住屋環境整潔及衛生度極差，地板髒汙雜亂，到處都是污漬及灰塵，放眼望去實在沒有適合坐下來會談的地方。

「你剛搬來這裡嗎？」程監納悶地問著。

「沒有啦！我在這裡住三年了，我帶你來看，我平常就是釀水果醋在賣。」文凱帶程監來到廚房。

廚房的地板上放著一瓶瓶等待發酵的醋，流理台上除了簡單的調味料外，就是堆滿野生檸檬果實，後陽台舖著正在風乾的水果，或許是因為正處於發酵過程，所以味道不怎麼好聞。

程監表達此次拜訪的目的，需要花些時間了解過去的生活狀況，因家中確實沒有適合坐下會談的地方，於是改約在巷口的便利商店會談。

文凱的視角

文凱一坐下來，就滔滔不絕地陳述美惠有多麼不負責任，是位失職的母親。程監見文凱不避諱談這些關係的問題，於是請文凱多描述一些家裡的狀況。但因為文凱精神似乎有些不濟，程監常需要重複問題內容或多次解釋，文凱才能完全理解程監的提問，不然容易離題或是陳述內容的時序混亂，很難聽得懂。

「我和美惠過去一起打拚事業，我們那時候生活過得很好，家裡還有傭人，品彥出生到我和他媽離婚前，都是傭人在照顧。之後，我們事業越做越好，我發現她對我也越來越挑剔，很瞧不起我，我滿腹苦水，但想說為了家庭就忍一下。

「想不到她在品彥三歲時，拿出一百五十萬說要跟我提離婚。我當然拒絕，我一個男人讓女人這樣輕視，我實在不能接受。想不到後來她竟然搬走，搬去哪我也不知道，這真的踩到我的底線，所以我就約她出來把字簽一簽，所有條件都是她開的，什麼品彥監護權歸我、品彥十六歲可以自己決定要跟誰住、給我一百五十萬，這些都是她自己寫的。我那時候對她已經心灰意冷，不想再跟她多說一句話，所以一切隨她。」雖然已經過了十多年，但從文凱氣憤的描述中，仍看見文凱對美惠的不滿情緒。

程監接著與文凱聊起了品彥。

「他媽這麼不負責任地把他丟下來，我當爸爸的當然不能放手不管。為了照顧品彥，我放下事業，去應徵了在幼稚園開娃娃車的工作。上、下班正常，不用去談生意、應酬，只是收入當然就差很多。

「品彥上國小的時候，老師說他進度跟不上，叫我帶品彥去檢查，我火大了，就回老師說『妳不會教就不要當老師』，然後臭罵老師一頓。你知道嗎？那個老師被我罵到一句話都回答不出來，之後老師就乖乖的，什麼屁也不敢放。

「品彥讀小二的時候，幼稚園園長說有家長投訴我脾氣不好，把我解雇，我沒收入，租不起那時候住的房子，我就帶品彥從台北搬到基隆，也幫他轉學。

「品彥小三時，班上的同學看他很安靜、反應比較慢，開始笑他、欺負他。不是用板擦去拍他的書包，就是偷拿他的書本不還他，害品彥下課都不敢離開座位，也不敢去尿尿，他回來竟然沒跟我說。直到有一天老師寫聯絡簿說『品彥常常沒帶課本，請家長協助檢查書包』，我問品彥是怎麼一回事，品彥才跟我說他被同學欺負的事。

「我知道之後就去學校找老師理論，問老師『你是怎麼當老師的，我兒子一直被欺負你都沒發現嗎？』我在老師辦公室大發飆，要老師給我一個交代，老師被我罵到一句話都不敢說。我覺得這個學校不行，所以品彥小三的暑假就帶他搬到宜蘭、決定換個新的環境。

「到他小五時，我有朋友說要跟我一起合夥釀醋，他說只要在家做就可以，我覺得這樣還不錯，我可以顧到品彥，又可以有點收入。只是我朋友在基隆，如果我答應他，需要搬回基隆比較方便。我問品彥想留在宜蘭還是回基隆？品彥說『都可以』，他那時候真的很聽話、很乖。所以他小五暑假，我們又搬回基隆，我再幫他轉學。所以他國小轉學三次。」文凱吞了吞口水，又接著說。

「他國一的時候，我正在拚我的釀醋事業，想說他也大了就沒怎麼管他。某天被我發現他蹺課，老師竟然沒跟我說，我覺得老師太混了，就去學校跟老師理論，老師一樣被我說到沒辦法回話，我就放話說品彥這學期讀完我就會讓他轉學。

「那年暑假，他說要去跟他媽住，我那時候正忙，想說這樣有人看著也好。沒想到，他去那裡學會玩網路遊戲，回來一直吵著要我買電腦給他，他媽就是這樣帶壞他。這次他又偷拿我放在桌上的錢去找他媽，連說都沒說。他媽當年丟下他不管，她這麼放任小孩，哪天哪根筋不對，又拍拍屁股走人，不就又是我倒霉？我寧可讓國家來監護品彥，也不能交給他媽。」

文凱理直氣壯地描述這一切，情緒激動不已，認為都是美惠的現任先生將品彥帶壞，品彥才會為了要玩網路遊戲而說謊、偷拿錢買遊戲點數等等。

【關係停看聽】

當孩子的學習或適應出現困難時，家長的焦急是可以理解的，然而找一個可以指責、歸罪的對象，而沒有深入了解問題的可能原因、做相對的因應和改善，結果，損失的是孩子的權益和錯過了重要的黃金時期！

程監同理文凱這十多年來照顧的辛勞，稍微和文凱說明訴訟的程序，及法官改定親權考量的原則，也說明青少年孩子的需求與期待，鼓勵文凱可以思考將來不論是否與品彥同住，打算如何照顧品彥、與品彥維繫關係，整理自己對於品彥未來的規劃和想法。或許文凱還在氣頭上，對於程監的建議不以為然，有許多的反駁、挑戰。程監見此時非良性溝通的時機，於是尊重文凱的想法，結束此次會談。

美惠的視角

程監和美惠約好在家中碰面，程監一進美惠的家，可以看見環境及物品擺放都相當整潔。程監請美惠描述過去家庭的狀況。美惠有點緊張，但開始講之後就停不下來。她提到不少對品彥過去生活的心疼、對文凱未來繼續行使親權的擔心。

「我和品彥的爸爸過去一起創業，剛開始時他還有在幫忙，請他處理的事情，品質勉強過得去。事業有些起色後，收入變多、生活變得好過，他就要當老大，我不想和他吵，就放手讓他去做。想不到他不僅得罪客戶，連帳也弄得亂七八糟的，但他都覺得是別人的錯，我們時常為此爭執。

「我和他多次商量調整的作法，但他仍是一意孤行，我想再這樣下去公司會垮、家也會垮。說真的，那時候他的所作所為已經讓我對他沒感情，我只想全力衝刺事業，所以我告訴他，我要離婚，我可以付他一筆錢，就當作是感謝他當年願意一起辛苦的打拚。他不但拒絕，還開始每天半夜把我叫起床，不讓我睡覺，我身體都快被搞垮，所以我偷偷在外面安排住所，交代傭人好好照顧品彥後，我沒再回家。之後，我們再出來談離婚，他就願意收下一百五十萬。」

美惠描述當時不得不離家的經過，至此情緒大致平穩。

接著講到放棄親權的部分，美惠激動落淚，說：「我那時候被他爸這樣鬧，我自己沒有太穩定，當時需服用精神科藥物。我不忍孩子跟我一起受苦，所以想先自己生活，等事業穩定時再帶品彥一起生活。沒想到當時的放棄，後來要再爭取回來這麼難。」

雖然美惠很快平撫自己的心情，但可以感受到她對於當初未積極爭取親權的後悔。

「剛開始我每個月都會去看品彥，品彥對我有點陌生，不過我抱抱他、哄哄他，他就可以和我很親近。只是他爸在會面上有很多限制，比如：只能在家，若要外出也只能在附近的公園走走，真的很不自由。

「品彥漸漸大了，也會看大人臉色。每次我去，可以感覺得到他壓力很大，只要他爸爸看著他，他就要裝作很討厭我，而他爸也把他當成跟我要錢的工具。到品彥國小時，我認為他已比較能保護自己，而且週間有老師關心，我才稍微比較放心，所以我留了我的電話給品彥，告訴他我很愛他，他想我的時候可以打電話給我。

「我留下紙條後，我以為我能放下，想不到我沒辦法。我很想品彥，忍不住時就會去學校圍牆邊找他的身影。後來聽說他們搬家，我就沒再看到品彥。一直到品彥國一時，我突然接到他爸的電話，他說品彥會蹺課、說謊，要我把他帶走，我當然非常樂意。於是，品彥國一暑假就到我家裡來住。「那時候我已經和明聰住一起，品彥來的時候很不適應。明聰為了和他增加話題，就教品彥電腦，一起玩線上遊戲。原以為他們可以相處融洽，但因為品彥生活習慣不好，明聰又比較要求規矩，他們雖然沒有實際衝突，但漸漸地兩人互動頻率變少。快開學時，品彥告訴我他想回家，我知道他在這裡的不自在，於是尊重他的決定。」

從美惠的描述中，可以聽得出來美惠夾在品彥和明聰之間的為難。

美惠雖然每天都到品彥住處照顧他的生活起居，但她觀察到跟品彥的關係很難靠近，品彥有時候講話還很不禮貌。當提到文凱時，品彥理解的情境及表達都不像十六歲孩子該有的表現，沒有計畫也沒有解決事情的能力，美惠詢問程監可以如何幫助品彥。

程監回應：「雖然品彥現在跟媽媽生活，但過去缺乏與媽媽長期深入的相處經驗，對媽媽的信任感尚未建立。或許可以讓品彥接受心理諮商，透過專業人員的協助，幫助品彥有力量面對過去的創傷經驗，及處理內心難以向他人訴說的痛苦與情緒，並練習表達自己的期待和感受。」

美惠感謝程監的說明，並帶著程監去品彥住的地方，讓程監和品彥會談。

【程監的視角】

不要輕易放棄和孩子接觸的時間、機會。過去的疏離，現在的刻意靠近，這些經驗上的反差及看似補償的討好，對孩子而言是痛苦的。一段疏離的關係要靠近時，不要忽視過去的經驗，要給時間、給空間才能再造一段新經驗。

品彥內心的糾結

程監進到品彥住所，可以看見美惠很用心打點品彥的一切。程監試圖與品彥建立關係，和品彥聊著生活事務，品彥有禮貌且友善，但也顯得略為侷促害羞。對於程監初步建立關係的暖身話題，品彥都簡短回答，常以「還好」或是「不知道」回應，感覺困難開放描述生活經驗。程監確認品彥知道今日談話的目的，就切入主題。

程監問起品彥過去與爸爸同住的生活，品彥描述時，就像是在說別人的事一樣，沒有明顯情緒，有時講到小時候的相處狀況，甚至還會突然噗哧笑了出來。但對於爸爸難以溝通的部分，品彥略顯無奈地表示「爸爸不聽我講話，所以就算講了也沒用」；然而，當程監問到未來打算怎麼和爸爸互動時，品彥立刻用雙手抓著椅子坐墊，說「爸爸找到我，他會直接把我帶走」，可以明顯感受到品彥的畏懼。品彥說「不知道要怎麼跟爸爸說不要，也害怕被爸爸拉回基隆」。

看來陳述過去相處經驗時沒有明顯的情緒表現，可能是品彥讓自己減少痛苦的一種因應方式。

程監和品彥談論媽媽時，品彥可以簡單列出跟媽媽共同生活的優點，然而過程中，也看到品彥會有話到嘴邊又吞了下去、伴隨著嘆息及抿嘴的細微動作，似乎在媽媽的照顧外，還有著矛盾、難以說出口的情緒。程監觀察到這樣的狀況，除了把自己的觀察回饋給品彥外，也試著來回同理探索整理出品彥內心的感受。

「媽媽從小都說最愛你，但在你小時候卻丟下你不管；現在你長大了來找媽媽，媽媽又因繼父關係，在外面租房子給你住。好像每次和你有關的事，媽媽選的是別人而不是你。這是不是讓你很困惑？也有點生氣？」

品彥眼睛看著地板點點頭。

程監把椅子拉近品彥，同理品彥的感受，告訴他發生這些事，會感覺到這樣矛盾的情緒是很常見的。品彥同意程監轉述自己的感受讓媽媽知道，因為他自己不知道該怎麼說，但他期待和媽媽的關係能更靠近些。

安靜片刻後，程監說明法律程序，詢問品彥是否願意出庭讓法官知道品彥的想法？上次的出庭經驗，讓品彥太受挫，於是他搖了搖頭，並把椅子往後挪了一下。

「過去我的生活是40、50分，現在是80分，我只想安安穩穩地生活。阿姨，我都跟妳說這麼多了，妳可不可以幫我跟法官說就好，我不想再出庭了。」程監感受到品彥的挫折，輕拍他的肩，安撫著他。

程監得知品彥是害怕再受挫而不願再出庭，於是允諾品彥若願意出庭，自己會在旁陪同，也順勢介紹了心理諮商資源。品彥聽完鬆了一口氣，表示會再想一想。

終於踏上法庭

在程監訪談後，美惠幫品彥找了心理諮商資源，品彥帶著緊張的心情，試著與陌生人談談自己從小到大很少與外人訴說的痛苦經驗。經過幾次的會談，品彥大致理解並與心理師一起整理一路走來的感受與心情。面對出庭，似乎有了一點勇氣。這一天，美惠帶著品彥在法庭外和程監碰面。

「哇，品彥看起來有些不一樣了喔！感覺更有自信了。」程監說著。

「但我還是很緊張，阿姨，妳等一下會陪我進去對吧？」品彥靦腆地笑著詢問。

「會啊！阿姨會陪你，緊張是一定會有的感受，你慢慢的說，法官會等你、聽你說的。」程監安撫著品彥略為焦慮的心情。

法庭門上的燈亮起時，程監陪著品彥入庭，品彥一一回答法官的詢問，雖然有時候會停頓一下，但法官願意等待，程監也鼓勵品彥「沒關係，慢慢來」。最後，品彥很勇敢的說出「我想維持現在的生活，我希望我爸爸能尊重我」。

出了法庭，品彥鬆了一口氣，未來究竟會如何？他不知道，但他知道，他已經可以勇敢地為自己發聲，他不用再繼續躲藏、不用等著別人來為他發言。

過去那個畏懼、退縮的小男孩，今天長大了。

▼關係處方箋

▼父母不要因為否認、不願面對，而讓孩子錯過接受治療的時機

孩子能健健康康且融入群體生活，相信是每位父母的期盼。然而，當孩子有學習或適應等各方面問題時，父母若能留心關注、面對問題，並且找出可能的影響因素，嘗試

改善相關狀況，這樣是可以幫助孩子有較好的適應、較健康快樂的學習和成長的。

學習表現較差、反應較慢的孩子，在學校常會伴隨人際適應上的問題。文中老師向文凱反映品彥的學習狀況時，文凱第一時間不是與老師深入討論、多了解孩子適應困難的現象，以便商議出可以協助孩子的方式，反而認為是老師的問題，因此用轉學來處理。他認為只要轉學、換老師，品彥的問題就得以解決；只是這不但沒有解決品彥在學習上的困難，反而因著時常轉學，品彥在學習及同儕的互動上衍生更多難處。

目前早期療育的資源很普及，當父母發現孩子在理解、表達及學習上，發展較其他同齡的孩子緩慢，可以帶著孩子到醫院接受評估，協助孩子儘早接受治療。在台灣，學齡前的鑑定可使用健保資源，可選擇醫院的小兒復健科、兒童心智科或小兒科就診（依各醫院早療主責科別而定），再由醫師、臨床心理師、物理治療師、職能治療師、語言治療師、社工等專業人員組成的醫療團隊，依據孩子的困難選擇必要的專業人員來評估孩子的狀況，找出問題的原因，並且安排適合的治療方式。若孩子已屆學齡，則可帶孩子去醫院的兒童心智科，由醫生確認狀況後，轉介臨床心理師或其他職能治療師來進行評估、診斷，評估後會對孩子的障礙有較深入的了解，進而提供父母諮商、孩子所需的治療，必要時也可以申請報告、診斷書，讓孩子在學校中能使用相關特教資源輔助學習。

唯有父母正視孩子的學習困擾，不否認、不逃避，協助孩子找出問題的真正原因，才能讓孩子有機會去經歷學習的樂趣，享受與同學互動的快樂時光。

▼信任關係的破壞，不會因為孩子成年而自動修復

當婚姻關係走到盡頭，提離婚的一方重心往往是在「如何儘速地結束關係」，有時也顧不得還有孩子在其中。在實務工作中，每當請過去也是孩子照顧者的探視方想像「當年孩子怎麼看自己沒有被帶走」時，得到的回應多半是「我要走時有跟孩子說，他應該能理解」、「孩子可能會難過吧！但時間久了應該就沒事了」、「孩子長大就能懂為什麼我會選擇離開」、「我也沒辦法啊！我自己都顧不好自己了，怎麼顧孩子？」

確實，離開的一方一定有很多的難處、很多的掙扎，在不得已的狀況下才做出把孩子留下來的決定。在此，並非強調孩子的照顧者不能選擇離開，而是在決定離開之前，能以符合孩子年紀的方式，試著讓孩子理解自己必須選擇離開的原因及為難之處，讓孩子知道父母的決定，與孩子的表現並沒有直接關係；更重要的是，要表達對孩子的愛，承諾並確實執行關係的維繫。

文中文凱確實有照顧品彥的日常生活，但看不見品彥內心情緒的狀態；當時美惠也有告訴品彥自己要離開，但因為品彥的年紀還小，不能理解媽媽為何沒有帶自己一起離開，而且後來就消失了。這種情況下，在品彥的心裡，想的可能是「是不是我不夠好、我做錯了什麼，所以媽媽才把我留給爸爸」。

一旦父母雙方沒有充分向孩子解釋、說明「父母的分開，不是孩子的錯」時，孩子容易將父母的分開，歸因為「是不是我做錯了什麼事造成的」，沒辦法理解、也沒辦法想到選擇離婚是父母之間的問題。當孩子有了這樣的認知，經驗到的就是「我不夠好」，逐漸形成低落的自我價值感，在內心產生「我不值得被愛」的信念，以至於在關係中較退縮，很難與人建立真正信任的關係。

或許品彥在三歲前與父母已經建立良好的依附關係，但因母親離開時他還太小，一旦依附關係被破壞及崩解，在短時間內本來就難以重新建立；此時若沒有替代補位的穩定關心者能回應其心理需求，將無法發展出安全的依附關係。與他人之間，將難以建立信任感，尤其面對較親近的關係時，會持續感到疏離與困難互動。畢竟他曾經期待最親近的父母能給予足以信任的回應，實際上卻是一再的失望，這會影響他與其他人關係的建立。

如何讓孩子的安全感，不因父母的離異而受到破壞？確實有幾點提醒：

一、準備離開的一方在離開前，儘早開始慢慢地跟孩子討論；在說明時，可以使用繪本、影片等不同媒材，用「孩子能理解」的話告訴孩子為何父母不能繼續在一起，且強調即便未來不同住，愛孩子的心都沒改變。孩子或許一時之間無法理解，但儘可能使用孩子能懂的方式多與孩子討論及一同面對，而不是避而不談或是簡單帶過。此外，亦可與孩子一同討論未來的相處及互動方式，讓孩子知道沒有因此而失去爸爸／媽媽。

二、不論是同住方或探視方，都不要讓孩子當傳聲筒，也不要在孩子面前批評另一方。

三、離婚協議除了討論、訂定孩子的親權行使人之外，也必須明確列出非同住方的會面探視方式，切勿含混帶過或完全不提，讓孩子與非同住方之間的關係，不因父母離異而產生維繫上的困難。

然而，若在離開當下沒機會好好向孩子說明，日後親子關係再次接上時，也要給予孩子消化情緒的時間。從一次次地告知當年離開的原因與為難之處，到孩子內化、接受及重新信任，是需要花費許多時間及耐心，且過程中孩子可能會有矛盾的感受。在修復的過程中，需與孩子重複地討論與確認，且不去評價孩子出現的矛盾及負向情緒，才有機會開始一段新關係的建立。

然而，處在這樣階段的父母又可以怎麼做？

一、選擇在與孩子關係感覺較親近或親子氣氛較和諧時，主動向孩子解釋當年的狀況及離開的原因，但留意避免將過錯完全歸之於對方。在重新建立關係的過程中，孩子不見得會主動提起或詢問當年的事，但在孩子的心中可能仍存有疑問，且不會因為長大了就自動理解。

二、父母離開多少年，就要有需要用至少一樣長的時間來修復的心理準備。在這修復的過程中，孩子出現的情緒需要父母來包容與接納。

三、與孩子共同規劃未來，重新建立生活的秩序。

當父母重新感受及回應孩子的心理需求，孩子慢慢長出新的信任關係，未來與他人建立親密關係時，當年內心受困的小小孩就有機會走出角落，迎向陽光。

第九章

望著父母背影的孩子

「小陳，我十點要去士林開會，你送Jolie去學校後再回頭來接我，我先在家裡把資料準備一下。」

「王嬸，今天我會比較晚回家，Jolie下課回來，妳先陪她吃飯，晚上七點李老師會來陪她寫作業。昨天我不小心把咖啡打翻，潑到沙發了，妳再約清洗沙發的工人來清洗一下。」岑帆一一交代司機、管家今天需要留意、協助的事項。

這是岑帆的日常，雖然她已是三個孩子的媽媽，但她在職場上仍是呼風喚雨，大家都叫她「董霸天」。在工作上，沒有她處理不了的問題；但「面對關係」卻是讓她頭痛的難題。

意外的異國戀情

岑帆是個愛熱鬧的人，她喜歡挑戰、喜歡過節的熱鬧氣氛。大學畢業後，想體驗留學的感覺，上網查資料發現愛爾蘭的文化很適合她；於是提出申請，期待留學後，增加自己的國際觀，回國還可以改變家中服飾店的經營模式。

到了愛爾蘭，岑帆很快地融入當地生活，在那裡結交不少朋友。當地的酒吧文化相當著名，她在課餘時到酒吧打工。因為她的爽朗，有不少常客專門來捧她的場，她過著如魚得水般的生活。

馬修是位三十多歲的美國華僑，從小跟著父母到美國，是一位兒童美語老師。不久前，他的父親因病過世，他繼承了一筆遺產；於是學期告一段落後便辭去工作隻身來到愛爾蘭度假。他想放鬆，體驗不同的生活和文化，再思考自己的下一步。

某日，馬修來到岑帆打工的酒吧。他一進門就聽見岑帆熱情的招呼聲，馬修選擇了最角落的位置，點了一杯Guinness，拿出筆記本和一支筆，想沉浸在自己的世界裡。不一會兒，岑帆主動來和馬修打招呼。

「看你不像這裡人，你從哪裡來？」岑帆親切地問候著。

「我？我從美國來這裡度假。」馬修的思緒被突如其來的問候聲打斷，他禮貌地回應著。

岑帆一聽到馬修是來度假的，忍不住分享自己對當地的認識，提供一些值得到訪的景點。馬修對眼前這位有著東方臉孔、但對當地卻熟悉得不得了的女孩產生興趣，於是收起筆記本，聽著岑帆滔滔不絕的分享。

馬修為了想和岑帆有話題聊，他去了岑帆建議的景點，幾乎每天晚上都到酒吧報到，只要岑帆不忙就會和岑帆聊幾句，分享旅行發現的趣事。但因為分享的時間很片段、不夠盡興，馬修鼓起勇氣開口邀約岑帆一起出遊，沒想到岑帆一口答應，並且約好出遊時間。

一同出遊讓兩人擦出愛情的火花，進而交往。半年後，岑帆某天清晨突然接到媽媽的電話：「妳爸突然中風，我得照顧妳爸，如果妳決定繼續留在國外，我們想把服飾店頂讓出去。妳想一想再跟媽媽說妳的決定，要快喔！」

岑帆掛上電話，無法再入睡，反覆思考這個又大又難的決定。岑帆學分已修完，確實可以回台灣寫論文，此時若回台灣，還能把她所學運用在服飾店的經營上，似乎也不是件壞事。於是，她告訴媽媽會回去接手服飾店，同時也將自己的決定告訴指導教授。

岑帆約了馬修見面，告訴馬修家裡的狀況和她決定回台灣的事。岑帆以為這段戀情要就此結束，想不到馬修告訴她：「我可以跟妳回台灣，我的爺爺、奶奶都還在台灣，我在台灣可以繼續教美語。」岑帆又驚又喜，面對家裡的狀況，她確實期待有一個精神支柱能陪伴著她。於是，岑帆辭掉酒吧的工作，一週後就和馬修飛回台灣。

❦

岑帆回台灣後，一邊忙著論文一邊架設網路電商，期待增加自家服飾的銷售管道；

馬修因為過去的教學經驗，他一把自己的經歷刊登在家教網上，就有家長來詢問，很快地接了五個美語家教的工作。岑帆爸爸的身體狀況越來越差，岑帆想和父親分享她的幸福，於是二人回台灣一年後就結婚了。

婚後，馬修與岑帆在淡水買了一棟別墅。因馬修繼承不少遺產，而岑帆的服飾店不僅有網路商城，也再開了新的實體分店，因此，他們過著有如偶像劇般的奢華生活，不僅家裡有司機，也有管家協助煮飯、打掃。只是岑帆的事業越做越大，投入的心力、時間也越來越多，這讓馬修相當不安。

婚後二年，裘俐出生了。馬修原以為有了孩子，岑帆能回歸家庭；但事實並非如此。岑帆可以一邊餵奶一邊談生意，等到孩子喝飽睡著了，她換了衣服，交代保母之後就出門去開會。馬修教書回來，常常看到的是保母在照顧裘俐，卻不見岑帆的蹤影。

馬修多次向岑帆表達期待能像過去一樣，有約會、獨處的時光，但岑帆總是說：「現在我底下有很多員工，如果營運不好，會影響到員工，我不能當個不負責任的老闆。我們現在生活穩定，除了有管家，也有保母在幫我們照顧孩子，你要不要也開一間補習班，有自己的事業就可以轉移重心。」馬修被這麼一說，只好摸摸鼻子；「難道是我太沒上進心嗎？」他在心裡嘀咕著。

這樣過了三年，溫妮出生了，多了一個孩子，生活並沒有太多改變。再過二年，黛西出生了，岑帆當時不單單要顧自己的事業，也接了不少演講，因此溫妮和黛西出生後，餵奶等照顧孩子的事，全由保母協助。馬修在關係上得不到滿足，也嘗試發展自己的事業，成立了一間美語補習班。

【關係停看聽】

非洲諺語：「一個人走得快；一群人走得遠。」如果父母只顧自己的期待往前走，在這個「家」中的孩子們，該怎麼辦呢？他們失去的又是什麼呢？

吵不停的家

岑帆原以為馬修有了自己的事業後，大家就能相安無事，殊不知兩人口角爭執的頻率反而變高。雖然他們都在孩子們進房間之後才吵，但有時候聲音實在太大，孩子們仍然聽得到吵架內容。他們越吵孩子們越安靜、越不敢出聲；有時候吵得太兇，孩子們接下來幾天都不敢去找馬修、岑帆說話。

有一天，馬修再也受不了了，他對著岑帆大吼：「妳就是自私、妳都沒有考慮過我的感受！」岑帆也不甘示弱地回應：「有男人像你這樣沒用嗎？開了一間補習班卻丟給別人經營，自己整天窩在家，一點事業心都沒有。」這番話，狠狠地傷了馬修。「好，我沒用是不是，那我就去死啊！」說完，馬修拿了鑰匙甩門離開。

他們的爭執聲太大，裘俐和溫妮都被吵醒。溫妮啜泣地跑到裘俐的床上，小聲的問裘俐：「爸爸如果真的死掉，怎麼辦？姊姊，我好害怕。」裘俐不知道該怎麼回答，只是抱著溫妮頻頻拭淚。

過一會兒，岑帆打開房間，發現裘俐和溫妮在哭。「啊！妳們怎麼還沒睡，我以為妳們已經睡著了。」岑帆小聲的對著孩子們說，她半躺在裘俐床上，抱著並安撫著她們。這一夜，馬修沒有回家。

隔天，馬修傳了好長的訊息給岑帆，說明他對這段婚姻的失望，後面寫著「我們分開吧！」岑帆不意外，她長期面對馬修的情緒也累了；既然彼此都無法體諒對方，分開不是件壞事。

岑帆打電話給馬修，同意馬修的決定，並表達自己可以照顧孩子們，她雖然忙碌，但至少每天都會關心孩子們功課是否寫完，等孩子們都上床睡覺了，自己才會休息。馬修認為，岑帆在家的時間少，孩子跟著她只是苦了孩子。

岑帆不滿馬修的說法，她認為馬修雖然長時間在家，但所有陪伴孩子的事，都是管家和保母在做，馬修在家對孩子一點意義都沒有。因此兩人又吵了一架，在互不相讓的狀況下，他們決定讓孩子們自己選擇以後要跟誰。

這一天晚上，馬修回到了家。岑帆請管家、保母先下班，全家人難得一起用餐。岑帆打破沉默，關心起孩子們在學校的狀況。

「今天我們班有一起練習母親節要表演的歌曲，老師叫我要用長笛SOLO一段，我等一下吃飽飯還要再去練習一下。」小四的裘俐分享著今天的練習狀況。

「那Winnie、Daisy呢？」岑帆關心著。

「今天我們班有一個臭男生，今天一直弄我，我去跟老師說，然後他就被老師罰

【關係停看聽】

讓孩子在這種情形下決定要選擇父親或是母親，真的是尊重嗎？還是為難孩子、不負責任的表現呢？

站。」黛西很得意的說。

「我今天還好，跟平常一樣。」溫妮眼睛看著桌上回答著。

整個用餐過程，馬修沒說一句話，溫妮可以感覺到家裡氣氛怪怪的，似乎有什麼事即將發生。岑帆見孩子們即將用完餐，很慎重地說：「等一下爸爸和媽媽有些事想跟妳們說，妳們吃飽就到客廳，先不要回房間。」

一家人用完餐後來到了客廳。

「Jolie、Winnie、Daisy，爸爸和媽媽決定要分開，之後不會住在一起，但爸爸、媽媽都很愛妳們，所以想尊重妳們的決定。妳們是要留在這裡和爸爸一起生活，還是要和媽媽一起搬出去？」岑帆破題詢問。

裘俐、溫妮低下頭，一句話也沒回應。黛西看見姊姊們都沒說話也跟著低著頭。

「媽媽知道這個消息很突然，但爸爸和媽媽時常吵架，很多事情我們的看法不一樣，如果勉強繼續生活下去，大家都不快樂，不過這是爸爸和媽媽之間的事，和妳們沒關係。但爸爸、媽媽會需要知道，如果我們不住在一起了，妳們想跟誰住，這樣我們才好安排妳們未來的生活。

「妳們放心，不管妳們怎麼決定，爸爸、媽媽都是愛妳們的。」岑帆補充說明著。

「我想跟媽媽搬出去住。」裘俐打破沉默，果斷地回答著。

溫妮看見姊姊很乾脆地回答就更加慌張了。她雖然想跟著姊姊，但又擔心爸爸，而且習慣住在這裡，不知道搬出去會發生什麼事；她一直被腦中的二派說法拉扯著。最後總算脫口而出：「我想要留在這裡，我不想搬家。」緊接著黛西也跟著說：「這裡有張奶奶（保母），我喜歡跟張奶奶玩，我也不要搬家。」於是，孩子們的住所就這樣決定了。

【關係停看聽】
孩子做這個選擇時，都想了些什麼？只是為了自己嗎？孩子喜歡保母的原因又是什麼呢？是僅僅喜歡和她玩而已嗎？

分居後的新生活

為了讓裘俐不用轉學、重新適應，岑帆很快在附近社區大樓買下一戶；一個月後帶著裘俐搬到新家。在這個新家裡，依舊有著司機、管家和保母，岑帆在家時間仍然很少，但她一改過去作風，每天早上都會刻意早起，為裘俐準備早餐，同時利用這個時間關心她在學校的狀況。

自從岑帆和裘俐搬出去後，溫妮中午吃飽飯，就會跑到裘俐的教室找她，裘俐也會關心溫妮、黛西的狀況，有時候她們也會一起去學校附幼看黛西，每次黛西看到姊姊們一起來找她，她就好開心，不停地和同學們炫耀。

一星期過後，某天裘俐比較早到學校，她路過溫妮的教室，發現溫妮趴在桌上，裘俐在窗戶邊叫著她，溫妮抬起頭發現是姊姊，她好開心，起身跑到門口說：「姊姊，我好餓喔！」裘俐有些困惑：「妳沒吃早餐嗎？」溫妮回答：「早上張奶奶和陳叔叔都還沒來，爸爸只有弄牛奶和麥片給我和妹妹吃，我們都吃不飽，看爸爸心情不好，就不敢跟爸爸說，所以我每天早上都好餓，好想吃熱熱的早餐。」裘俐聽完好心疼。

隔天早上，裘俐吃早餐時就跟媽媽說著妹妹們的狀況，岑帆聽完很難過，但她現在確實不想再和馬修溝通任何事情，於是告訴裘俐：「媽媽之後都會多準備二份早餐，妳早上進教室之前，就先拿去給妹妹她們，好嗎？」裘俐高興的點了點頭。

這天裘俐迅速地吃完早餐，迫不急待要拿著熱騰騰的早餐去學校給妹妹們。溫妮收到媽媽做的早餐，忍不住哭了出來，裘俐一邊安撫，一邊提醒溫妮趕快吃，要準備上課；而黛西收到則是好開心，立刻跑去跟老師說：「姊姊帶媽媽做的早餐給我吃。」

岑帆從裘俐口中得知，雖然馬修在家，但只要管家、保母下班回家後，溫妮和黛西就像沒人管的孩子，有時候甚至在客廳看電視看到睡著，岑帆越聽越心疼。

岑帆回顧了搬離開的這些日子，她和馬修並沒有正式辦理離婚，過程中馬修也沒有任何要修復關係的表示，加上聽見他是如此地照顧孩子，總總因素讓岑帆決定提出訴訟來處理。

除了處理他們之間的關係，也需要將財產切分清楚，同時她也期待能單獨行使孩子們的親權。因此，岑帆找了律師協助訴訟事宜。然而岑帆的訴訟重心仍是放在婚姻關係的結束及財產的分配上；她認為自己的親職能力比馬修好太多，且家中所請的保母都是接受過專業訓練的，因此認為自己有條件行使孩子們的親權。

在調解庭時，馬修和岑帆只有離婚一事有共識，對於財產的分配、孩子們的親權都沒有共識，於是案件移交法官審理。

馬修為了爭一口氣，證明自己有能力照顧孩子，自從訴訟開始，他每個月假日都會帶溫妮、黛西進行戶外活動，有時去露營、有時去釣魚，並且認真地拍照記錄過程，他將相關的照片整理成證據，來證明他的親職能力。

岑帆看見這些內容，向法官表達馬修只是做做樣子，並非真正用心在陪伴孩子。法官認為需要了解孩子們平常與父母相處的情形，以及孩子們內心的真實想法，因此選任程監介入。

程監介入後，分別與馬修、岑帆聯繫，程監說明自己的角色，雙方態度都很友善、配合，唯馬修的中文能力不怎麼好，他期待程監能用英文和自己對話，馬修自請翻譯在旁協助，以避免表達不完整而有所誤會。

程監的訪視

程監來到岑帆的家，看見客廳擺放著鋼琴，旁邊也有畫架，玻璃櫃裡也放著大小不一的獎盃、獎牌，上頭都是裘俐的名字。管家請程監稍候不久，岑帆和裘俐也各自從房裡出來，程監和母女二人在客廳話家常，並說明本次來訪目的。

從言談中發現裘俐相當自在和岑帆對話，想學什麼、做什麼，岑帆態度都開放支持，且盡可能地幫裘俐找到合適的老師；岑帆不會干涉馬修和裘俐聯繫，只是馬修也從來沒有主動聯繫過裘俐，父女關係相當疏離。程監表達期待和裘俐單獨談話，裘俐就帶著程監到自己的房間裡。

進入房間，程監看見床上有一隻大玩偶。裘俐說，這是她上小一那年生日時，媽媽送給她的。程監和她聊起了學校和平時的生活。

「我現在平日晚上有學鋼琴、長笛，假日也有學油畫、跆拳道，雖然有時候覺得很累，但這些課都是我喜歡的，媽媽工作也很辛苦，她都花錢幫我找老師了，所以我要好好地學習。」裘俐分享著她的日常。

程監從裘俐的分享中，知道她在學校是老師得力的好助手，老師時常和媽媽稱讚她。接著，程監關心起過去和現在生活的差別。

「以前和妹妹她們住一起的時候，我們三個最喜歡在一起玩扮家家酒，我們一玩可以玩半天。

「現在和媽媽一起住，雖然媽媽在家的時間不多，但她幾乎每天早上都會幫我和妹妹做早餐，我就會趁早上跟媽媽說很多話。其他在家時間多半就是練琴、吹長笛、複習功課，有時候會自己玩拼圖。」裘俐分享著。

程監順勢問裘俐期待未來是怎麼樣的家庭生活。

「我覺得爸爸、媽媽有沒有住一起對我沒太多的影響，如果要選一個，我會選媽媽，因為我跟爸爸不親。其實我也很希望能跟妹妹她們一起住，這樣我們就能一起玩，比較不無聊。」從裘俐的回答中聽得出她的孤單，及對於妹妹們的思念。

程監肯定裘俐的懂事、體貼，但也提醒她有時候會孤單、難過，這類情緒都是面對這些經驗很常見的反應，裘俐可以把心情寫下來，或是找信任的人分享，會比較舒服一些。

程監隔週來到馬修家。程監抵達時，保母正在客廳和溫妮、黛西玩。程監蹲下身和溫妮、黛西打招呼，看著她們正在玩「轉轉齒輪」的遊戲，溫妮和黛西介紹她們想完成的作品。過一會兒馬修從書房走出來，手裡抱著二大本的相簿。「寶貝們，等一下再玩，我們先來看照片。」馬修邊走，邊用英文對著溫妮、黛西說。溫妮、黛西放下手上的零件，起身坐在沙發上。

「來，妳們跟阿姨說，爸爸帶妳們去哪裡。」看得出來馬修很希望為自己加分。程監看了幾張照片之後，表示「等一下我們可以再一起慢慢欣賞」，隨即將話題帶到今日來訪的目的，用英文和馬修、溫妮、黛西話家常。翻譯也在旁以備不時之需。

馬修從頭到尾都是用英文對話，且多半將重點放在他怎麼規劃孩子們的生活、旅遊，以及對孩子們未來的安排上，較聽不見他和孩子互動的細節；整場溫妮較為安靜，回答也較簡短；黛西則是分享很多自己在學校的生活。父女雖在同一空間，但沒什麼交集，也不會提到岑帆和裘俐。

程監表達需要和孩子們會談，且確認溫妮和黛西不想分開談話，因此三人進到房間裡。

她們二人共用一間房間，房間擺放著許多的玩偶。房間裡除了書桌外，也有一個遊戲區。程監和溫妮、黛西坐在遊戲區，一邊遊戲一邊談話。

爸爸不在場，溫妮似乎比較放鬆一些，話也變得多一點，程監關心她們平常的生活，從她們的分享中可以聽出溫妮很想念姊姊；而黛西喜歡和保母在一起。程監也詢問她們和爸爸、媽媽互動的經驗。

「爸爸最近假日都會帶我們出去，但他帶我們去的地方有時候蚊子很多、有時候又很熱、很無聊，還要拍照，我不喜歡，但我不敢跟爸爸說。

「媽媽會讓姊姊帶早餐給我吃，我想念姊姊，突然也覺得媽媽是關心我們的。」溫妮說完哭了起來。程監安撫著溫妮，同理她很想念媽媽的心情。

過一會兒換黛西說：「我喜歡張奶奶，她知道我喜歡吃什麼、做什麼。她會陪我玩。爸爸、媽媽都很少陪我玩。」

最後，程監問到她們期待和誰一起住時，溫妮仍是希望全家人住一起；黛西則是希望能有張奶奶在，像現在這樣。

程監和孩子們談完後，分別再與馬修、岑帆談話。程監和他們說明手足之間的特殊情誼，嘗試協調未來姊妹三人同住的可能性，只是不論是馬修或是岑帆，都有自己的堅持，認為該調整的是對方而非自己；程監也嘗試說明孩子們真正的需要，馬修和岑帆並不認同程監的提醒，他們認為「每個家有每個家的文化，上流社會和中產階級的生活模式本來就不同，不應該用同一套標準來要求父母調整」。

結束了會談，程監嘆了口氣，「有些時候，是需要『時間』來發酵吧」。或許在報告中建議幫孩子找些心理資源，是程監能為這三位孩子所做的事了。

【關係停看聽】

讓孩子惦記在心的是豐富的課外活動？還是家人好好吃一頓飯、有一個人傾聽的溫暖陪伴？

▼關係處方箋

▼陪伴孩子，需要父母親力親為

根據行政院統計資料，二〇一八年雙薪家庭的比例將近七成，這意謂著多數父母是處在家庭、工作兩頭燒的狀況，因此造成很多「家事」無法親力親為，於是「親職外包」的現象也越來越常見。

所謂的「親職外包」，就是父母把「照顧孩子」的事，交由其他人來代勞，如保母、安親班老師、才藝班老師等。表面上確實解決了孩子的照顧問題，但長久下來，對孩子會造成什麼影響？成了值得探討的重要議題。

馬修和岑帆的經濟狀況不錯，僱用了一些人來協助處理家務，好維持個人的生活品質。只是連照顧孩子的事都外包了，這會讓孩子沒有一個主要的依附對象，文中可以看見三個孩子與父母的關係都不親近。裘俐較主動，岑帆也會回應，尚可維持相對較好的親子關係；但與馬修就少有互動。溫妮則是敏感又有較多顧忌，若父母沒有相關的觀察並隨之調整與溫妮的互動方式，將不容易協助溫妮建立安全感。黛西目前則以保母為主要依附對象，若保母離職、重要關係中斷，未妥善處理之下，安全感將被破壞。這些缺乏穩定依附關係的情形，對於孩子的人際關係發展、性格都有相當大的負面影響。

不過也不是說所有家務事都得親力親為，舉凡與「陪伴孩子」無關的事，仍然是可以由他人代勞的，如打掃、煮飯等。

此外，現今有不少父母在假日幫孩子們安排許多才藝班，這也是另一種親職外包的現象。孩子能有不同的學習固然是好事，只是生活中若排滿了這些學習活動，是無暇建立、促進親子關係的，怎麼二者兼顧，確實很考驗家長的智慧。

上述強調的都是父母與孩子要有情感的連結，這件事為何無法由他人代勞？父母和父母以外的其他照顧者（後簡稱保母）有什麼區別，可以分成幾點來說明：

一、**父母的角色是無法取代的，而保母可以更換：**在懷孕的那一刻就決定了孩子的父母是誰，這血緣關係是無法變更的；但保母就不一樣，保母是份工作，隨時都有異動的可能。孩子的依附對象是保母時，當保母離開孩子，孩子就得要面臨分離的議題。每一次的分離，都可能會動搖孩子內在的安全感。

二、**當父母與保母的價值觀有落差時：**父母除了照顧孩子的生理需求外，會想與孩子一起共構親密關係，許多保母亦是如此。只是當父母將照顧、教養孩子的責任交給保母，卻發現自己和保母的價值觀有落差，長期下來，孩子依附、認同的對象已經是保母，父母可否接受這樣的局面？

其實陪伴不在時間的長短，而是當下能否專注。孩子要的多半是父母能專心陪著，或是傾聽、理解、接納他們的感受。讓孩子有足夠的安全感，孩子就能放心去探索這個世界，與人建立健康的關係。

▼手足間的情感，是需要重視的

當父母決定離婚，孩子要跟誰住、由誰照顧，常常是爭執不休的議題，若孩子有二個，父母吵到最後常會決定「一人一個最公平」，但這對孩子來說真的公平嗎？

父母關係不睦，常常會使手足之間的關係更為緊密，像文中三姊妹一樣，溫妮對裘俐產生的手足依附狀況是較明顯的。爸媽吵架時，溫妮害怕就跑到裘俐的床上；不同住時，溫妮中午吃飽就會去找裘俐，看得出來溫妮依附裘俐比依附爸媽來得多。若此時，同住的馬修能補位，用恰當的方式開始建立或修復與溫妮的依附關係，或許會讓溫妮安全感提升。

只可惜馬修沒和孩子們建立良好的依附關係，當溫妮的主要照顧者無法為其帶來穩定的安全感及具信任的互動關係時，溫妮仍舊僅能在與裘俐的相處上感到安全、安心，但不同住且仍然是個孩子的袁俐，實在也難以取代成人能夠給予的照顧與保護，這對溫妮來說，內心的不安長期無法得到安頓，也許日子久了、孩子長大了，這份不安可能會隱藏起來，不再那麼外顯易見，但在與他人建立親密的友伴、伴侶關係時，仍然會深深地影響著他。

要如何得知孩子依附的對象是誰呢？其實只要觀察孩子遇到挫折、困難、有負面情緒時，會想找誰傾訴、找誰幫忙，有快樂經驗時，最想分享的對象是誰；那個人多半就是孩子依附的對象，也可說是孩子信任的人。若孩子在未充分建立安全感，發展其獨立性之前，即突然與依附對象中斷關係，雖可以再重新找依附的對象，但得先面臨內心的失落。在經歷重要關係的失落後，安全感受到動搖，要再建立新的依附關係，通常比較困難，需等到有新的依附對象補位且能長時間和穩定滿足其生理、心理需求後，才能逐漸再獲得安全感，自在地去探索世界。

父母離婚對孩子的衝擊已經夠大了，若此時還得面臨與情感依附深厚的手足分離，對孩子是雙重打擊，頓時之間像是失去了所有依靠。

這時候，也許孩子會變得更沉默，或突然之間快速長大，好像變得更懂事，這是因為這一切造成孩子不小的心理壓力，才產生出未準備好的假獨立。因此，不要以表面的公平來安排孩子未來的主要照顧者，而是要以孩子的內心需求來考量，才能讓孩子在父母離婚後，身心繼續健康地成長。

第十章

小小大人的內心戲

「爸、媽，我們回來了。」啟昌帶著梓豪，拖著沉重的行李回到景美老家。

啟昌三年沒回來！想不到不僅沒有衣錦還鄉，還把所有的積蓄賠光、連婚姻也沒了；啟昌沒料到自己會走到這一步，不禁深深嘆了口氣。

「回來就好！回來就好！」啟昌父母走到門口，一邊幫忙拿行李，一邊拍拍啟昌的肩說著。

「小豪，叫爺爺、奶奶。」啟昌對著梓豪說。

「爺爺、奶奶好。」梓豪叫著。他有些生疏，因為從他出生之後，只回來過兩次。

「小豪長好高了！快點進來、快點進來，奶奶燉了排骨湯，趕快進來趁熱吃。」啟昌媽媽連忙牽著梓豪的手，帶著梓豪進屋內。

啟昌大學畢業後，進入鞋廠從事業務開發工作；他工作態度積極、認真，深受主管的賞識。二年後，公司要在大陸福建設廠，開發部門需要一名主管，啟昌在主管的推薦下順利被差派到大陸工作，管理開發部門的業務。

啟昌父母得知後，紛紛告訴親朋好友這個好消息。啟昌才進公司兩年，很難得能從諸多資深同事中被擢拔為外派的主管。啟昌父母興奮地與親朋好友分享。大家都認為啟昌很優秀，慫恿著啟昌父母要辦桌宴客、幫啟昌送行。

在啟昌前往大陸前的一個週六晚上，啟昌父母邀請了一、二十位親朋好友聚餐。大家你一言我一語地祝賀啟昌，鼓勵啟昌好好在大陸打拚，帶著錢回來讓父母不愁吃穿，同時娶個老婆延續王家的香火。啟昌在眾多親友的祝福下，踏上不曾久留的大陸。

啟昌除了處理公司內部業務外，也需要聯絡當地的公司、廠商，漸漸地人脈多了起來。當大家得知啟昌仍然單身，紛紛介紹自己身邊的單身女性友人。在朋友的介紹下，啟昌認識了未來的另一半李靜。

李靜的父親是商人，母親是老師，李靜是會計。李靜家雖不是當地望族，但因父親經商成功，在當地的高級住宅區買下一整層獨門獨戶的豪宅。家中有四個房間，三套衛浴，前後都有陽台，後陽台還可以眺望遠方的美景。社區有便利商店、公園、餐廳，就像是度假村一般。

李靜家雖然有錢，但她沒有大小姐的脾氣與架子，母親對她的品性、態度也是格外要求。她要求李靜要懂得珍惜所擁有的一切，想要什麼就得靠自己的本事努力爭取。因此李靜除了工作收入，也學習如何投資，她期待在二、三十歲認真打拚；等到四十歲，錢存夠了就能離開職場，和家人、孩子遊山玩水，過著不愁吃穿的生活。

啟昌和李靜有著雷同的夢想，於是兩人常常討論自己未來期盼的生活方式，漸漸地彼此產生好感，決定交往。

無法共同面對挑戰的婚姻

啟昌過年放長假時返台，告訴父母自己在大陸有個穩定交往的女朋友，彼此都有結婚的打算。啟昌父母得知這消息相當憂心，他們認為文化背景不同，價值觀落差大，且兩岸之間的關係並不和睦，婚後恐怕會衍生一些問題，啟昌一定是因為在當地人生地不熟，寂寞孤單之下才會被愛情沖昏頭，希望啟昌三思。

啟昌花了許多時間告訴父母：李靜的家人是如何把自己當家人一樣地對待，啟昌在工作遇到困難時，李靜的哥哥是如何伸出援手；試圖扭轉父母的刻板印象。

到了啟昌準備收假回大陸時，啟昌爸爸說：「你自己眼睛要睜大一點，如果你真的要娶對方，爸爸還是會幫你準備聘禮，爸爸也願意過去提親。爸爸只有你一個兒子，你凡事要多小心、多留意。」啟昌收下爸爸的提醒與祝福，搭上飛機返回大陸工作。

隔年，啟昌和李靜決定結婚。啟昌電話上告訴爸爸這個好消息，並和爸爸討論到大陸提親的事宜。啟昌爸爸心裡早有準備這一天的到來，雖然無法和啟昌一樣興奮，但至少心情還算平靜。

這天，啟昌的父母從台灣飛到大陸，李靜父母為了讓準親家感受到女方家長的熱情，特別訂了五星級飯店，也訂了高級餐廳。

啟昌父母在大陸的這幾天，雖被款待得無微不至，但心裡很不是滋味。他們認為自己是來提親的，在這裡卻是吃、喝人家，少了說話的餘地，一切得順著女方家人的安排；似乎是自己付了聘金，同時也把自己的兒子送出去。

但為了成全兒子的選擇，啟昌父母把這樣的情緒吞下來。啟昌觀察到父母不怎麼開心，因此時不時地讓父母知道「對自家人慷慨、熱情」是大陸的文化，希望父母不要多想或覺得被瞧不起。

婚事總算說定了，大陸、台灣的宴客時間也決定好，啟昌父母起程回台準備台灣場的宴客事宜。只不過啟昌父母通知親友這個喜訊時，不像當年啟昌升職那般的喜悅；面對親友們的道賀，啟昌父母也只能笑笑地回應著。

婚禮結束後，啟昌與李靜搬進李靜父親為他們買的房子。雖不是在高級住宅區，但交通便利，生活機能好，兩人開始過著小家庭生活。

因兩人都渴望四十歲之後就能財務自由，無須再過著上班族朝九晚五的生活，因此啟昌的薪水扣除掉自己的開銷後，其他全交給李靜分配家用及投資。一段時間後，啟昌發現每月投資都有不錯的進帳，嚐到甜頭的他希望能獲利更快、更多，因此慫恿李靜可以再大膽、冒險一些。

就在啟昌每月投資獲利比薪水來得多時，李靜懷孕了，兩人開始討論孩子出生之後的規劃。啟昌認為自己懂設計又有人脈，與其一直幫老闆賺錢，不如自己創立品牌當老闆。於是向李靜表達等孩子出生後，他可以辭職照顧孩子，一邊規劃創業的事。李靜樂見啟昌願意分擔家務，因此支持啟昌的決定。這一切就如啟昌規劃地一步一步實踐著，啟昌在梓豪四歲時創立了自己的品牌。

啟昌為了增加曝光度並期待大幅獲利，他投入所有的存款；不僅花錢買廣告，同時設立許多門市。然而過了一年，營運不如預期，啟昌不甘心此時關閉公司，但他也明白若沒有其他收入，再過不久就會花完所有積蓄。在不得已的狀況下，啟昌聯絡在台灣的父母，告訴父母自己的處境，期待父母能金援幫助他度過難關。啟昌父母不忍看到自己兒子的事業失敗，於是將自己的養老金全給了啟昌，希望他能靠投資獲利讓公司繼續營運下去。

經濟壓力讓啟昌變得不耐煩，常常無法入睡，也開始和李靜發生口角爭執。李靜明白啟昌的壓力，所以多半會將家裡的事情打理好，不讓啟昌操心；若啟昌破口大罵時，李靜就會帶著梓豪出門走走或回娘家避一避，不過她都會傳訊息告訴啟昌她和孩子在哪裡。

梓豪六歲那一年，有一次投資讓啟昌血本無歸，啟昌徹底崩潰，認為是李靜騙走了父母的老本。李靜滿腹委屈，每一筆投資啟昌都知道，且都是啟昌同意後才進行的，怎可因為投資失敗就把責任怪在自己頭上？

在這個節骨眼，啟昌向岳父借錢，未料岳父竟說「你不是做生意的料，再多的錢也不夠你賠」，這句話重重地傷了啟昌。過了不久，啟昌的公司倒閉，他不滿李靜事不關己的態度，於是向李靜提出離婚。這些日子已讓李靜疲累不已，她知道兩人的關係已經無法回到過去，同意離婚並共同行使梓豪的親權。

啟昌和李靜辦妥離婚事宜後，李靜搬回娘家居住，她給啟昌一個月的時間收拾物品，之後將出租房子。這段時間梓豪有時與啟昌同住，有時與李靜同住。只要梓豪住誰那邊，就由誰負責學校接送、照顧。

過了二十天，啟昌收拾差不多後決定回台灣。因前一晚梓豪住在李靜家，當天是李靜送梓豪去學校。大約十點多，啟昌到了幼兒園告訴老師：「我準備回台灣一段時間，想趁返台前帶梓豪去遊樂園玩，我有一段時間看不到梓豪，會很想念他。」老師不疑有他而准假，啟昌帶著梓豪直奔機場。等到飛機要起飛時，啟昌才傳訊息給李靜：「妳今天不用去接小豪了，我把他帶回台灣，妳要看他可以來台灣，房子之後要怎麼處理我沒意見。」李靜收到訊息相當錯愕，她沒料到啟昌竟然會突然地把梓豪帶走。

啟昌返台後，立刻到法院提出親權酌定的訴訟，並同時聲請暫時處分來限制梓豪出境。啟昌為梓豪找了私立幼兒園，同時也上網積極找工作。

【關係停看聽】

梓豪在沒被做好準備的狀態下，就被迫與自己熟悉的環境、家人、同學分開。大人貿然地遂行自己想把孩子留在身邊的渴望，對孩子會造成什麼樣的影響？

進入訴訟和程監的參與

李靜在大陸收到台灣法院的文件，相當震驚，她沒料到啟昌竟然用這樣的方式來限制梓豪自由。李靜因在大陸有工作，無法每次配合台灣開庭，因此委任台灣的律師協助訴訟事宜。調解過程中，李靜的律師和啟昌互不相讓，調解委員原欲協調會面方式，但啟昌表達只要李靜來台灣探視，自己不會阻止，因此調解委員協調了李靜和梓豪的視訊時間，啟昌同意配合，剩下的就交由法官審理。

法官認為目前無任何跡象顯示李靜有要帶梓豪回大陸的意圖，因此駁回了暫時處分。李靜的律師提出：李靜在大陸的工作、居住等等狀況優於啟昌，而啟昌擅自將梓豪帶回台灣，有違善意父母原則；加上未讓孩子先做好心理準備，就突然離開同為照顧者的媽媽，這也非以孩子的最佳利益來著想。

李靜的律師透過這些事證想凸顯啟昌非適合的照顧者。法官認為有必要了解孩子在大陸的生活狀況，因此選任程監介入，請程監至大陸觀察評估環境及與重要關係人訪談。

程監與啟昌聯繫，說明程監的角色，同時約定訪視時間。此外，程監也與李靜的律師聯繫，請律師協助確認李靜來台探視時間，以利安排訪視。

這天，程監來到啟昌家進行訪視。啟昌和梓豪目前暫住在父母家，父母家是位於景美巷弄裡的公寓二樓。經由屋內的木製沙發、電視和傢俱外觀，可以看出物品的歲月痕跡。家中有二個房間，共用一套衛浴設備，主臥室是啟昌父母的房間，啟昌和梓豪住在客房。

啟昌父母熱情招呼程監：為程監倒水、拿拖鞋給程監穿。梓豪從房間探頭出來看了一下，見大人未叫他出來，就又縮了回去。程監還沒坐下啟昌的父親就開口了。

「我就說大陸人自私、心機重，當年啟昌就是不聽我的，才會搞成現在這樣。我的老本也被那個沒良心的前媳婦騙走，搞得啟昌現在還要在台灣找工作。小姐，我那個前媳婦很會說話、很會演，妳千萬不要被她騙了，妳要幫我們主持公道。」啟昌的父親忿忿地說著。

「爸，我來說。」

「老師，我在大陸快十年的時間，大陸人在想什麼我最清楚。他們的民族性很強，自私、只顧自己，即便我和李靜結婚多年，對她家的人來說，我還是個外人。

「我生意不順的時候，她並沒有把我當一家人，拿她的錢出來資助或向她娘家求助，只是問我要不要回來跟我爸拿錢。我從我爸那裡拿錢交給她投資時，我有千交代、萬交代這是我爸的老本，是我爸先借我們的，如果有閃失，她也有責任要賠償。但不是她的錢，她就不痛不癢。現在全賠光了，我要求她拿出一半來還，她死不認帳，說什麼當時都是經過我的同意才投資，她一毛錢也不會付。

「妳說，哪有人這麼自私？搞到我跟小豪在大陸不能生活，這麼落魄地回台灣。要小豪再回去跟她住，門都沒有。」啟昌激動地描述這一切過程。

【關係停看聽】
不論是爸爸、媽媽、爺爺、奶奶或外公、外婆，對孩子而言都是親密家人。當一方抱怨著另一方時，聽在孩子耳裡，感受又會是如何呢？

程監同理他們面對這一切失落的心情感受，也關心啟昌接下來的打算。

「我現在有找到便利商店的職缺，我先做支援大夜的工作，薪水比較好，將來如果內部有幹部職缺，我也會試試看。

「白天小豪去上課，我剛好下班，可以回家休息，等他下課時我差不多也起床了，我接他回家，全家人一起吃個飯，我再準備上班，這樣就有陪他的時間。

「我上班不在家時，我爸、媽都在，也能幫忙顧著，他們早上也會幫小豪準備早餐、送他去上課。

「遇到這種事，實在不是我們願意的。」啟昌有些不知如何說起的感嘆，接著說：

「我們全家暫時辛苦一點。只要小豪在我身邊，我就有力量繼續奮鬥下去。」從啟昌的陳述中，可以看出梓豪是他目前動力的來源。

程監聽家中大人們說完話後，表達今天來訪的目的，需要有空間和梓豪單獨會談。啟昌母親聽完略為緊張地表示：「小豪才剛回來台灣，都還在適應，他過一段時間就會習慣台灣生活，他就會知道台灣比大陸好太多。小姐，妳現在單獨跟他談，是要問他什麼嗎？」從啟昌母親的話語中，可以察覺到她擔心梓豪會想回大陸。

「阿姨，我只是來關心梓豪，同時要讓他知道雖然爸爸、媽媽沒有在一起，但爸爸、媽媽都愛他，而且還有爺爺、奶奶也很愛他。如果他有什麼疑問、期待，我也會跟他討論，只是希望他在這個轉變的適應過程，能順利一點。」程監解釋著自己的角色。

啟昌母親聽完後較為放心，於是呼喚梓豪來到客廳，介紹程監給梓豪認識，告訴梓豪等一下程監會在房間與他談話。梓豪回了聲「好」就帶著程監進房間。

快轉長大的梓豪

程監看見完成一半的樂高，就從樂高的話題開始與梓豪閒聊。從梓豪的對答中，程監發現梓豪比同年紀的孩子成熟，也能說自己的想法。程監關心梓豪返台後的適應，以及他和媽媽之間的聯繫。

梓豪說：「我喜歡台灣，也喜歡福建。我在那裡有朋友，外公、外婆家很大，我去年生日還有邀朋友來。

「我喜歡爸爸和媽媽，回來台灣之後，我只和媽媽視訊一次，我很想媽媽。不過媽媽告訴我，我在台灣要乖乖聽話，也要好好學習，她有時間會過來台灣看我。」

從梓豪的回應，可以感受到他對從小生活的環境有著滿滿的思念。程監同理他，也表達這個過程不容易。程監和梓豪討論，如果媽媽來台灣，想和媽媽去哪裡？梓豪對台灣還不熟，他只能唸著過去媽媽常常去的地方，說都要帶媽媽去那些地方玩。聽得出來梓豪很期待媽媽來台灣看他。

程監表達有機會希望能和梓豪一起到福建的家，看看梓豪從小到大的生活環境。此時，梓豪表示：「我應該不會再去了，爸爸不希望我回去。」聽在程監心裡真是不捨。程監順勢問梓豪對於未來被照顧的想法。

「我知道我留在台灣，媽媽不會生氣；但如果我去福建跟媽媽住，我擔心爸爸會生氣不理我，所以我想留在台灣陪爸爸。」梓豪說出了他的期待——一個很困難的決定。

【關係停看聽】

在這個案例中，當大人訴說著自己的委屈時，孩子已經思考要怎麼做，才能讓親情繼續維繫下去。一不留神，小孩不就是小孩，反成了照顧大人的小大人了！

程監輕拍梓豪，肯定他如此為爸爸著想，也同時提醒他如果有難過、生氣或其他情緒感受，也都是可以說，可以接受的。

程監透過律師和李靜聯繫上，知道她理解現在梓豪很難再回到福建，她也不想為難梓豪，不過很樂意程監到福建看看自己為梓豪準備的環境。

這天，李靜到機場接程監，一路開車前往李靜目前的住所，也就是李靜父母的家。這是很大的社區，每棟都有自己的停車場，社區裡還有籃球場、有公園，環境相當好，距離學校不遠，開車只要十分鐘。

李靜家位於該棟大樓的頂樓，視野相當遼闊。李靜也為梓豪準備了一個房間，裡頭放著屬於梓豪這個年齡層的讀物，有床、有書桌，也有小小的遊戲區。

李靜帶程監參觀後，就坐在客廳和程監談話。

「我們這裡發展很快、進步很多，我很期待梓豪能過來和我們一起住。他的東西我都幫他打點好了。過去，每星期我們都會帶他回來，他很熟悉；如果他爸爸要來看他，我們也不介意他在這裡暫住幾天。大人相處不來是大人的事，真的不要阻礙了孩子的前途。

「不過話又說回來，法官怎麼判是一回事，我還是想尊重小豪的決定。不管小豪決定住哪，我都尊重他，我希望他能快樂地長大，官司能早些結束。」李靜表達著她的想法與期許。

程監確認了李靜到台灣探視的日期後，表達當天自己也會在場。同時，肯定李靜能優先考慮梓豪的意願，且客觀理性地為梓豪的利益著想，梓豪很需要她這一份穩定且尊重的力量。

程監與李靜會談中，得知她期待透過訴訟來獲得應有的權利，讓梓豪不為難；但李靜並沒有打算為了爭取梓豪的親權，而放棄自己在大陸的一切。

這一天，李靜到了台灣和梓豪會面，程監到梓豪家接梓豪。即便李靜已釋出很大的善意，啟昌的父母仍千交代、萬交代程監要看好梓豪，不能讓梓豪被李靜帶走。程監陪同梓豪走到不遠處的公園和李靜會面。

梓豪雖然已經好幾個月沒見到媽媽，但一見面完全沒有生疏感，看見李靜就立刻衝向前：「媽媽，我好想你。」接著梓豪開始拉著媽媽玩遊樂設施，一個接著一個。李靜一會兒提醒梓豪要小心，一會兒提醒梓豪要喝水。這天約定好會面二小時，時間過得好快，梓豪很捨不得離開。但程監提醒他，隔天還可以跟媽媽一起到遊樂園玩一天，梓豪才向媽媽揮手說：「媽媽，明天見！」

程監看見梓豪和媽媽相處是開心與自在的。於是，在陪梓豪回家的路上，再次確認梓豪的心意。梓豪說：「我的答案和上次一樣，我要留在台灣陪爸爸。因為媽媽難過會好，但是爸爸沒辦法。」

程監看著眼前這個過於早熟的孩子，內心有許多的不捨。因為大人的過不去，使得小小年紀的孩子，反而要扮演照顧大人情緒感受的沉重角色。

程監回到家，那句「我要留在台灣陪爸爸。因為媽媽難過會好，但是爸爸沒辦法」，一直在腦中迴盪著。真心期盼啟昌有一天能再站起來，回到爸爸的位置；如此一來，梓豪才有機會回到孩子的位置上。

▼關係處方箋

▼文化沒有絕對的好壞，需要的是了解孩子看世界的視角

在跨國案件中，很挑戰的是「文化」這件事，不同國家有不同國家的文化。華人重視的就是家庭、集體思維；歐美國家看重的則是個人、獨立的思考。這有絕對的好或壞嗎？其實沒有，我們習慣帶著自己認同或熟悉的文化與價值觀下判斷。身為專業人員更需要時時提醒自己：我們是從個人的想法出發，還是能尊重孩子的視角來思考？

舉個例子來說，孩子的爸爸是美國人、媽媽是台灣人，孩子從小在台灣生活，一直到七歲因父母失和，孩子才被帶到美國去，父母都想爭取孩子的親權。若美國當地的專業人員訪視時，發現孩子不太提到媽媽，或聊起媽媽時會轉移話題。此時，如果專業人員以一個「喜歡與不喜歡都會主動直接表達」的文化來看一個在華人文化長大孩子，當他觀察到孩子的會談狀況時，可能就會產生「孩子與媽媽的情感疏離」的推論。這樣的評估，其實很有可能忽略了華人在表達情感上多半隱微且迴避，而孩子的態度也有可能是受到忠誠議題的影響。若僅僅從孩子的回應來判斷孩子與哪一方的關係較親密，就不夠周延。

回到故事中，梓豪從小就是在大陸生活，在啟昌和李靜關係沒出問題前，梓豪在大陸生活並不是問題，過程中不曾見到啟昌和李靜爭辯台灣與大陸的教育、生活以及人民特性哪個比較好，也沒有提過要讓梓豪回台灣住。然而當夫妻兩人關係出問題後，文化的比較就變成是個問題。因此，癥結點是出在「關係」，只要關係出現問題，似乎生活中的一切都有可能成為爭執的議題。

當面對文化、價值觀的衝突時，父母可以問問自己：

「我的堅持，真的為了孩子好？還是只是一種訴訟的手段？」

「我的堅持，是在為我的傷痛說話？還是確實考慮了孩子的立場？」

「我的堅持，是否只是侷限在一個框架中？沒看見其他可能性？」

今天，不管孩子在哪裡，都需要適應環境中的特有文化，就如故事中的梓豪。雖然爺爺、奶奶、爸爸都認為台灣好，但站在孩子的角度，梓豪未曾真正在台灣生活過，他若回台長住，勢必需要時間來認識、學習、嘗試適應台灣的文化。因此，如何在過程中幫助孩子適應是首要的重點，但不適宜全然否定過去成長的文化環境。

父母的成長環境不同，受不同文化孕育成長，若屬不同國籍、民族，文化差異就更大了，但孩子有了解父母雙方文化的權利。父母離異，該切斷是兩人的夫妻關係，而不是剝奪孩子認識另一方民族特性及文化的機會。擴充孩子的視野，增加孩子的國際觀，等孩子長大成熟後，才有足夠的知識為自己的去留決定，且為自己的決定負責任。

最後，若我們的思維時常停留在好壞的比較上，這種二元思考模式讓我們陷入侷限的框架，難以看見其他可能，確實有些可惜。培養孩子在不同環境中看見各種可能，可以幫助孩子在逆境中找到生存下去的方式，這也是現今動盪不安的大環境中，很需要具備的能力。

▼父母有傷沒處理好，孩子只好迎合環境中的情緒氛圍而失去自己

一段關係往往會經歷到「關係好—有爭執—破局—修復」，父母若一直停留在破局後的創傷反應、沒辦法走到修復的階段，孩子少了學習修復關係的機會，也看不見關係修復後的樣貌。在孩子的世界裡，他看到的是家庭巨變和痛苦的大人；這對孩子來說太震撼。為了避免讓關係再走到這樣的局面，孩子會開始出現許多迎合、討好的行為，傾向順著他人的期待來決定。即便有自己的想法也不敢表達，或需要表達得很小心翼翼、很迂迴，常常得在夾縫中求生存。時間久了，孩子會在關係中失去自己。

從文中可以看見啟昌一家人都陷入創傷的狀態。啟昌認為李靜自私、怨恨著李靜害他如此落魄，所以在未告知的狀況下將梓豪帶回台灣。啟昌的父親一方面怨恨著媳婦，對兒子則是有生氣也有同情。啟昌的母親很害怕再失去，面對程監要和梓豪單獨談，呈現強烈的不安。

要如何確認自己是否在創傷之中？有幾個簡單的指標可以參考：

一、每當談起特定的人、事時，就會誘發強烈情緒，且容易伴隨著身體的不適感，如「心跳加速、發抖等」。

二、會逃避提起該特定事件，只要一想到就有濃厚的恨意。

三、在人際關係上，沒辦法再相信任何人。

四、在生理方面，常有睡眠的問題。

若覺察有上述情形，一定要先接納自己的狀態，並儘速尋求專業人員協助自己：

一、釐清自己的狀態並用合宜的方式來同理、支持自己，不過度自責與自我苛求。

二、能區分夫妻和父母的角色，思考在父母的角色上自己可以做些什麼。

三、練習將受傷的事、能做的事分開，照顧自己情緒的同時，也能盡自己角色上需要盡的責任。

這些過程並不容易，是需要長時間討論與練習，無法一朝一夕就學會。

啟昌沒辦法把夫妻和父母的角色區分來看，在他眼裡李靜有虧待他之處，但李靜並沒有傷害梓豪。只是啟昌在創傷下已無法分辨，他把自己和梓豪綁在一起，梓豪不再是個獨立個體，因此他怨恨李靜的同時，也認為梓豪不該與李靜有良好的互動關係。

療傷需要時間，不可能要求父母立刻好起來，但在過程中若能告訴孩子：「爸爸和媽媽有些事情鬧得不愉快，爸爸只要講到媽媽就會生氣，但這是爸爸和媽媽的事情；你還是可以開開心心去找媽媽、和媽媽一起玩。」要讓孩子知道他一樣可以自在地愛爸爸、愛媽媽，也能學習把照顧爸爸情緒的責任還給爸爸，而非自己一肩扛起。就像故事中的媽媽，她沒有將壓力施加在梓豪身上，她讓梓豪在她身邊是安心的，這樣梓豪才有機會展露自己真實的情緒。

一個內心健康的人，不會強迫自己喜歡，也不會硬是與人槓上，他知道自己為何如此決定，同時也不會因此失去自己，而是能在當中找到平衡。

第十一章

性侵疑雲

「如果我因為這件事自殺了，我的孩子就要一輩子背負著這樣沉重的包袱。」清暉在偵察庭上，對著檢察官如此說。

清暉是貿易公司的老闆，曾有過一段婚姻。清暉和前妻還沒離婚時，前妻懷疑他外遇，時不時地打電話到公司查勤，或無預警地出現在公司，清暉受不了前妻這些行為，因此提出離婚。

清暉給前妻一大筆錢，也答應前妻的要求：將婚後共同居住的豪宅無條件送給前妻，且不再探視兩人所生的孩子——小愷。這些條件在他人眼裡看來相當不合理，清暉的律師和朋友們也勸清暉透過訴訟處理。但清暉忙著事業，只想快點擺脫這個關係，因此同意前妻所有的條件。

清暉以為離了婚就能神清氣爽地展開新生活。

沒想到回到新家，開門看到的是漆黑的客廳，聽不到小愷迎接的聲音，那股空虛與落寞令清暉難以忍受。清暉常常一個人坐在客廳看著小愷的照片發呆，他很後悔過去忙於工作，不僅很少陪伴小愷，有時候甚至還會嫌小愷煩。

清暉為了不讓自己沉陷在落寞、後悔裡，於是更加投入工作。他時常在公司待到很晚，或是下班後安排許多應酬，讓自己疲累不堪之後再回家。關係結束所帶來的殺傷力，是清暉始料未及的。

重新燃起對家的渴望

如萍是清暉的秘書，如萍個性獨立果斷，在工作上仔細認真，且時常注意到清暉沒想到的細節，是清暉的得力助手。因為如萍的能幹貼心，清暉不知不覺依賴如萍，只要如萍不在，清暉就覺得少了什麼般地提不起勁；如萍也很欣賞清暉的魄力、大將之風。

某次，清暉帶如萍出席活動，當天的賓客有不少是攜家帶眷來參與的。有個年約四、五歲的小男孩全場到處跑；他跑到如萍身邊時，手上的飲料不小心潑在如萍身上。小男孩因為做錯事而嚇住了，但是如萍沒生氣，只是蹲下來提醒小男孩，他的行為可能造成的危險及對別人的影響。這一幕讓清暉有些心動了，再一次燃起對家的渴望。

在清暉的追求下兩人正式交往，並於一年後結婚。

婚後，如萍搬進清暉的住所，清暉總算不用再面對孤單一人的家。過沒多久如萍懷孕。能再一次擁有自己的孩子，清暉心中雀躍不已，也立志要把最好的一切給太太及孩子，以彌補心中的那份缺憾。

跨不過價值觀落差的坎

清暉期待讓如萍過貴婦般的生活，除了讓如萍不用為金錢煩惱外，且會主動報告自己的行程。如萍在清暉的要求下辭掉秘書工作，專心在家養胎，但這不是如萍想要的生活。她期待在孩子上幼兒園後能改變生活型態，希望在家庭生活之外有揮灑的空間。只是她明白清暉固執的個性，此時爭取一定不會有好結果，因此決定暗中規劃，等時機成熟再跟清暉說。

欣恬出生後，如萍一邊照顧欣恬，一邊抽空了解直銷產品，並且開始思考如何安排時間。如萍常刻意提到不少媽媽照顧家庭之餘，還能發展事業的新聞，並詢問清暉的意見；只是每次清暉都不認同，他總是回應：「那些還需要發展事業的媽媽，一定是另一半不會賺錢才需要這麼辛苦。妳婚前確實是我的得力助手，但現在我們有了孩子，應以家庭為重，家裡也不愁吃穿，不需要這麼辛苦。妳和別人不同，實在不需要過著高壓的職業婦女生活。」

隨著孩子逐漸長大，如萍仍按計畫、暗中開始了直銷工作。如萍知道此時若直接告知清暉，一定會大吵一架，因此想做出一些成績時，再向清暉證明她有能力兼顧工作及家庭。

某天，如萍帶著欣恬在速食店和朋友介紹產品時，正好被清暉合作公司的老闆撞見。他看如萍與朋友相談甚歡，就沒上前打招呼，只是偷拍如萍和欣恬的照片傳給清暉，並揶揄了清暉一下。清暉一看火冒三丈，認為如萍沒有尊重他。

晚上，清暉帶著這股怒氣回家。一回到家就破口大罵：「妳是有多愛錢？原來妳之前跟我提工作、家庭兼顧，就是因為妳已經在暗中進行！妳帶著欣恬出去談生意讓我很丟臉，妳知道嗎？」

如萍被清暉一吼，再也忍不住長期的壓抑，不甘示弱地回嘴：「哪裡丟臉了？我有去偷、去搶嗎？我不過是去介紹產品，我錯在哪？」兩人開始互不相讓地爭執，在一旁的欣恬嚇到嚎啕大哭。如萍轉身準備安撫欣恬時，丟下一句：「你就是這樣自以為是，怪不得你兒子這些年都沒來找你。」這句話真的徹徹底底打到清暉的痛、傷了清暉的心，清暉忍不住心中的怒氣，打了如萍一巴掌後就甩上大門離開了家。

如萍萬萬沒想到自己的一句話，竟然會換來一巴掌！

一直以來，如萍在工作場域中受他人尊重、婚後清暉也百般疼惜，實在很難接受被動手相對！如萍認為再怎麼生氣，也不該使用肢體暴力。

【關係停看聽】

「平常對我都輕聲細語的爸爸、媽媽，怎麼會變得這麼可怕」，當孩子用大哭來表達受驚嚇的感受時，是承受了多少情緒壓力呢？

如萍勉強自己哄完欣恬入睡後，一個人來到客廳，坐在沙發上忿忿不平地想著：「這些年，我總是順著清暉的要求、期待過生活。欣恬現在已經三歲了，她也越來越懂事，不需要那麼多時間照顧。我想發揮自己的能力創業，為什麼他就是不能理解、接受！我不認為女人只要結婚、有家庭，就要過一個沒有自己的生活，一切就只能靠男人、任憑男人的擺佈，看不到自己價值，這不是我要的生活！」如萍在心中吶喊，決定要極力爭取過有意義的生活。

清暉甩門離開後，搭車到酒吧點了杯威士忌，自己沉思著：「我不懂如萍為何堅持要有自己的事業，難道是嫌我賺的不夠多？但她都沒想過，她這樣出門去談生意，多麼不給我面子。這件事如果在業界傳開，他們是不是會認為我公司營運有狀況，老婆才需要這麼辛苦？難道她賺那一點錢比維護我的尊嚴、聲譽來得重要嗎？」

清暉想了許久，仍是想不透如萍為何會背著自己去做直銷。平時這麼溫和、處處順著自己的如萍，到底還隱瞞自己多少事情？

清暉和如萍決定要好好地談一談。只不過談話的過程中，兩人都堅持自己的立場，互不相讓。如萍認為清暉動手不對，清暉認為是如萍說了不該說的話；如萍堅持要有自己的生活與事業，清暉認為如萍偷偷進行的行為，已經破壞了彼此的信任。

兩人都無法理解對方的立場，只是指責對方，因此溝通協調破局，如萍提出了離婚請求。清暉雖然錯愕，但認為在缺乏互信的基礎下各堅持己見，未來仍會繼續爭執，與其長痛不如選擇短痛。

鑒於如萍那麼想要拼事業，清暉要求由自己照顧欣恬、行使欣恬的親權。如萍不滿，她主張過去她是主要照顧者，沒道理將欣恬交給清暉。經過一段時間、幾番折衝，最後協議親權共同行使及共同扶養照顧欣恬。

達成協議後清暉和如萍一起告訴欣恬：「之後爸爸、媽媽不會住在一起，欣恬可以輪流到爸爸、媽媽家住。」欣恬心想：「是因為爸爸、媽媽吵架時自己哭了嗎？還是因為自己常常不聽話？」欣恬越想越害怕，在強烈的不安下只好把在懷裡的小熊抱得更緊。

離婚後，如萍找了一間兩房的房子，清暉仍然住在原來的住所。如萍原先期待清暉能比照自己的方式照顧欣恬，但每次討論每次吵，到最後交付時雙方都只能冷漠以對、無法當面溝通；若欣恬有特殊狀況時，雙方都會懷疑對方照顧的妥適程度。還好，在狀況不多下就這樣過了一年。

【關係停看聽】

關係突然有這麼大的轉變，參與在過程中的大人或許勉強過得去，只是年幼的小孩，面臨其安全依附家庭崩解所帶來的巨大衝擊，大人能體會多少呢？

巨變

某日，如萍剛將欣恬接回照顧，當時如萍正在廚房煮飯，欣恬在客廳看卡通。如萍準備將煮好的飯菜端到餐桌上時，她發現欣恬兩腳開開地坐在沙發上，且把手伸進內褲裡，身體略為抖動。

如萍看見這一幕嚇壞了，趕緊把飯菜一放，走到客廳問：「恬恬，妳在做什麼？」欣恬嚇一跳，立刻把手從內褲抽了出來並急忙回答：「沒有、沒有，我不知道。」

如萍發現自己的口氣太嚴厲，強忍激動的情緒、蹲下，把欣恬抱在懷裡說：「沒事、沒事，媽媽擔心妳怎麼了，我們先去吃飯。」欣恬被如萍安撫後，情緒稍微平復地起身與媽媽一同用餐。

如萍內心升起強烈的不安。

晚上洗澡時，水一碰到欣恬的下體，欣恬的身體就抽了一下。如萍問她怎麼了，欣恬說：「媽媽不要碰，痛痛。」如萍一看，發現欣恬的陰部有些紅腫，似乎也有破皮，她接著問：「妳在爸爸家到底發了什麼事？」欣恬沒說話。

欣恬的沉默讓如萍更著急，又問：「爸爸有摸妳尿尿的地方嗎？」

欣恬回應：「有。」

如萍追問：「幾次？」

欣恬回應：「二次。」

如萍再確認，欣恬又改為：「五次。」

如萍更加心急再確認：「到底幾次？」

欣恬遲疑地用雙手比出十。

如萍難以承受。轉過身要幫欣恬拿衣服，卻發現眼淚不由自主地流了下來。她用力抿著嘴唇深怕自己哭出聲音。她深呼吸數次、擦去眼淚後，幫欣恬穿好衣服，並開車帶著欣恬到醫院急診室。

醫生檢查後，詢問如萍發現時的狀況，如萍輕聲表示：「我和前夫離婚，我今天才剛從他那裡把欣恬帶回來。晚上煮飯時發現她在客廳自慰，吃完飯幫她洗澡時，又發現她下體紅腫，我很擔心她是不是有被侵犯？」

醫生聽出如萍的擔心，表示：「造成外陰發炎的原因有很多，如果妳擔心有性侵的可能性，我們可以進行檢傷。」

醫生隨即解釋性侵的檢傷流程，並與欣恬確認這幾天的生活狀況，欣恬除了表達「爸爸有摸我尿尿的地方」之外，沒有提到其他的事。醫生與如萍討論後，如萍請醫生幫欣恬進行檢傷。

醫生告訴如萍檢傷的程序，過程中如萍不能陪同在旁（註：檢傷過程中，父母能否在旁陪同，視每間醫院的檢傷流程規定而定）。檢傷結束欣恬從診療台上下來看到如萍後，在如萍懷裡放聲大哭。這一哭讓如萍更是心疼與自責，她決定要好好保護欣恬並對清暉提告，再也不讓清暉帶走欣恬。

檢傷結束後，醫生表示醫院會協助通報，後續社工將會進行關心及了解狀況，並提醒如萍這幾天需要協助留意的事項。

如萍返家難以平靜，很想釐清真相；也擔心欣恬在被偵訊時無法適當說明，因此多次詢問欣恬相關的狀況，也幫欣恬順了回答的語句，以確保製作筆錄時警方能聽懂欣恬的陳述。

【關係停看聽】

孩子有異樣，爸媽很難不著急，只是爸媽心急如焚的追問，孩子的感受會是什麼？

如萍隔天就接到社工的電話，她與社工討論後知道社工無權暫停欣恬和清暉見面，於是除了妨礙性自主的告訴進行外，如萍也提出改定親權的聲請及要求暫停會面。

如萍委任律師處理了相關訴訟事宜，並傳訊息告知清暉：「你之後不用來帶恬恬了，她這次回來竟然在自慰，外陰也發炎。我不知道你到底對恬恬做了什麼事，你怎麼可以這樣！反正我已經聲請停止會面了。」清暉收到訊息一頭霧水，回傳了：「妳在說什麼，莫名其妙！反正是我的時間時我還是會去帶恬恬。」

幾天後清暉按以往的方式去帶欣恬，但如萍堅持不帶欣恬下樓，清暉不想採取激烈手段，只好強壓住憤怒地回家。幾週後清暉接到相關公文才知道如萍不是說說而已！

清暉覺得如萍欺人太甚，自己也很想念欣恬，因此趕緊委任律師處理。針對會面部分，法官收到兩方不同期待的暫時處分之聲請後，基於維護孩子安全，同時也確保父女會面的權益，很快地裁定機構會面。

清暉收到機構會面的公文後主動聯繫，希望儘快可以如過去方式見到孩子，會面社工向清暉說明了機構會面的相關規定及限制。清暉告訴社工：「我和恬恬的關係相當好，我不可能會做出傷害恬恬的事。我就是不想傷害恬恬，才沒有採取強烈的抗爭手段。你看，這是我過去和恬恬一起玩的照片。」

清暉把手機上的照片，一張張秀給社工看，想證明自己很愛孩子，不該受到這樣的規範與限制。社工同理清暉感受，再次澄清機構的立場，仍請清暉配合、遵守。清暉為了能與欣恬見面，只好同意機構規範，並在同意書上簽下名字。

總算等到會面的這一天，雖然得在社工人員的監督下與欣恬接觸，但清暉想到能見到欣恬，仍是無比開心。他在會面室等著，時間一分一秒地過去，已到了約定時間卻不見社工帶著欣恬前來。

大約再過十五分鐘，門總算打開了。清暉好開心地站了起來，準備和欣恬打招呼時，不料欣恬卻倒退數步說道：「我討厭你、我不想看見你。」就甩開社工的手往樓梯的方向跑去，社工趕緊追上前。約經過十分鐘安撫說明後，欣恬再次進入會面室，但是仍顯得較抗拒、排斥。

清暉的心有如撕裂般的痛，他沒有對欣恬做什麼不當的事情，為什麼連欣恬也這樣對待自己。這晴天霹靂般的打擊，讓清暉難以承受。清暉雖然急於恢復過去與欣恬的互動方式，但不可得，清暉難以調整情緒，就匆匆地結束了首次機構會面。

結束會面後，清暉不解為何大家都站在如萍那邊，相信如萍那穿鑿附會、加油添醋所編織出來的故事?!

「這樣的背叛，我真的不知該怎麼活下去，我最在意的就是自己與孩子之間的關係。幾年前，我已經失去小愷，難道現在又要失去欣恬嗎？老天爺，你怎麼這麼不公平？」清暉在家喝著酒，一邊憤怒地說：「我怎麼可能對心愛的女兒做這樣的事情！我是不是乾脆去死，以表明我的清白？讓這些人良心永遠過不去？」

正當清暉想著遺書該如何寫時，突然一個念頭閃進腦海裡：「不對，如果我就這樣死了，沒人為我說話，不見得會有真相大白的一天，恬恬不就一輩子要被汙名『她是被爸爸性侵的孩子』？那她往後的人生怎麼過？不行，我一定要好好活著，洗刷我及恬恬的名譽。」

改變的契機

清暉決定振作起來，透過法院的安排參加了家事服務中心的親職課程。他在課程中理解更多孩子的內心狀況，因此他決定每一次的會面，不論欣恬的態度如何，他都要穩住自己，把焦點放在與欣恬的關係上，暫時將那些被背叛、被誤會的情緒拋在腦後；他要尊重、包容欣恬的情緒與抗拒。他帶著這樣的積極態度進行每次會面，漸漸的欣恬也逐漸放鬆、開始可以和清暉互動，機構會面越來越順暢。

只是如萍仍因性侵事件不安、惶恐，機構會面雖有社工陪同著，但她仍擔心欣恬不知清暉的危險，因此一顆心懸掛著。

這一天，清暉、如萍都收到檢察署寄來的不起訴處分書，清暉因自己總算能捱到這一天而激動不已，萬分期待可以恢復過去的會面方式。

不料，如萍委請律師提出總總理由，企圖延後甚至阻止欣恬與清暉單獨相處的機會。法官認為需要程監評估，了解欣恬的意願並尋求對欣恬最好、最合適的照顧、探視方式。因此當庭曉諭雙方，目前仍需配合機構會面。

程監在接受法官的選任後，了解案件的始末，並與清暉、如萍聯繫，分別約定了訪視時間。

雖然檢察署作不起訴處分，程監與如萍碰面時，如萍仍再次描述她將欣恬接回那天所經歷的一切。

程監詢問：「曾經有什麼跡象，讓妳認為清暉會侵犯欣恬？」

如萍表示：「過去清暉就有看A片的嗜好，而且他在幫欣恬洗澡時，我就常聽到欣恬在浴室大叫『爸爸不要啦！』只是當時還沒離婚，我沒想太多。現在想想，是不是那時候清暉就有侵犯欣恬的狀況，只是我太大意沒發現？」

如萍非常懊悔過去可能的疏忽，時常想著「如果過去我再多留意些什麼，是不是這次的事件就不會發生？欣恬就不會受傷？」

如萍繼續說：「現在欣恬在機構會面，有社工陪同，她勉強可以與她爸爸見面；但平常只要提到爸爸，她還是很害怕、排斥的，所以我真的沒辦法接受她單獨和她爸爸見面。」

程監明白如萍的擔心，告知之後自己會去機構會面現場觀察，再決定如何以孩子的最佳利益來做安排。

程監和如萍談完，也單獨和欣恬會談。程監與欣恬一邊遊戲，一邊了解過去欣恬和清暉互動的情形。當提到玩樂的經驗時，欣恬可以滔滔不絕地分享；但當提到印象中過去與爸爸互動的話題時，欣恬會岔開話題，或說：「媽媽說，爸爸不可以碰我。」

程監感覺得出來與爸爸互動的話題是欣恬不想談的，就沒再繼續追問。

觀察過機構會面後，程監再次和欣恬單獨會談，聊起機構外會面的可能性。

「真的嗎？好啊！那可以回爸爸家看MONEY（爸爸養的狗）嗎？我也好久沒有在城堡（在爸爸家，欣恬有一個城堡）裡玩了……啊！算了，還是不要好了，現在這樣就好。」

欣恬回答中，有一個很突然的轉折，程監詢問是什麼原因？

「嗯，媽媽會擔心，所以現在這樣就好。」欣恬回答著。

從欣恬的回答中，程監聽得出來她不排斥在機構外與爸爸見面，甚至也主動提起想回爸爸家看一看，只是不知道怎麼面對媽媽的擔心。

程監回應欣恬，要面對這些衝突的感受，是一件不容易的事。

【關係停看聽】
孩子會經由觀察父母互動氣氛來了解父母的關係，這是否也意謂著，孩子會為了照顧一方的心理需求而選擇隱藏自己真實的感受與期待？

過些時日，程監與清暉進行個別會談，清暉和程監談到這段歷程中的感受。「剛知道時我很難接受、很生氣，就是胡說八道、無中生有。我是個具規模公司的老闆，很多人脈、很多管道，我那時候真的很想用我自己的方式來幫自己討公道。但我不想讓欣恬不好過，所以我都忍下來了。案件偵查期間我也忍下來了。現在，案件都已經不起訴了，為什麼我還是不能像過去一樣照顧欣恬？」清暉氣憤地說。

程監回應聽到清暉的感受，告訴清暉過程中因為信任關係的破壞，大家面對這件事情就會格外小心謹慎。程監鼓勵清暉，會面時維持他慣有對待欣恬的方式，不必特別顧慮程監在場；也可以想一想在這樣的過程中，怎麼讓欣恬多認識自己。

一週後，程監收到清暉的訊息，清暉說：「我要讓我女兒知道，不管在哪裡見她，我都愛她、我都珍惜與她相處的時光。我不要因為現在達不到我的期待，在機構會面就很有情緒，這樣我女兒也會有很大的壓力。」

程監再一次與如萍討論機構外會面的可行性。

程監告知如萍：「若在訴訟期間試行機構外的會面，程監可以全程陪同觀察，更深入了解欣恬面對與爸爸相處場景的情緒行為反應，以提出未來適切的會面方案。」如萍明白程監用意，但這個決定並不容易，如萍表達需思考數日再回覆。

一週後，程監接到如萍的電話，如萍同意試行機構外的會面，但仍不免擔心而反覆確認可能狀況，如：「妳會一直陪在欣恬旁邊，寸步不離嗎？如果……的時候，怎麼辦？」程監理解如萍焦慮感受，除了說明，也協調雙方該次會面時間為二小時。

在社工與雙方簽下同意書後，開始進行機構外的會面。過程很順利，欣恬愉快地與爸爸在家遊戲互動，過程中完全沒有媽媽擔心的焦慮不安反應；程監也整合評估過程中所蒐集到的父母及孩子的各種相關訊息及狀態顯現，擬定適切之會面方案。

在這過程中，程監也說明孩童發展階段對於性探索可能出現的行為，並提醒父母雙方宜教導欣恬知道身體界線，及如何自我保護。

最終，法官裁定維持父母雙方共同行使親權，如萍為主要照顧者，會面則是按程監的建議採取階段式進行，訴訟總算落幕。

在訴訟結束後，清暉仍想繼續身體力行地教導欣恬處理問題的方式，同時他想讓欣恬明白即便爸爸不在身邊，爸爸一樣是愛著她。於是，他釋出更多的善意，在與如萍必要互動或交付過程中，不再似過去冷漠以對，而是保持適當的關心及友善互動，甚至還向如萍購買直銷的產品。

如萍因著清暉的善意，放下一些敵意，欣恬也逐漸感受到父母之間的平和氣氛，因而能自在地和媽媽分享在爸爸家的事，如萍不需要再像過去一樣猜測、擔心，也讓如萍更放心。

二年後的某一天，程監收到了一個訊息，是清暉傳來的。

「老師，妳好，我是清暉，欣恬的爸爸。很感謝妳二年前的協助，謝謝妳當時給了我不同的眼光，讓我沒有一直陷在自己的情緒裡，讓我願意為了欣恬釋出極大的善意。今年，孩子的媽媽竟然邀請我一起參加欣恬的生日派對。

「我沒想到會有這麼一天，我竟然能被我前妻邀請去參加女兒的生日派對。孩子的媽若有特殊狀況無法照顧時，也會主動請我接手幫忙照顧；我們的關係有很大的轉變，我第一時間就想傳訊息感謝妳。謝謝妳在大家不理解我時理解了我，我才有辦法用對的態度持續堅持下去。」

程監收到這樣的回饋，內心也無比欣慰。謝謝爸爸在過程中不放棄地釋出善意，媽媽也能感受到而逐漸有好的回應，欣恬最終能自在獲得父母雙方的關愛、照顧。

這不是一件容易事，但清暉辦到了，如萍也做到了！

▼關係處方箋

▼心越著急，情緒要更為平穩；「真相」可以交給專業人員來釐清

在兒童權利公約第三條提到「所有關係兒童之事務，無論是由公私社會福利機構、法院、行政機關或立法機關作為，均應以兒童最佳利益為優先考量」。父母離婚，孩子在安全無疑慮的狀況下，如何安排孩子與雙親相處，才符合「兒童最佳利益」？

雖然離婚夫妻無法再同住，但至少要讓孩子知道，他沒有因為父母的離婚而失去了任何一方；父母也得明白，即便離了婚，雙方都有照顧孩子的責任與義務。

然而在實際的過程中，很容易因為父母雙方的不信任、彼此有很深的心結，使得在「共親職」這件事上卡關。最棘手、麻煩的就是當孩子從對方那裡接回來之後，發現孩子身上帶著傷，年幼的孩子又說不清楚到底發生什麼事，同住方與探視方又無法溝通的

狀況之下，真的會讓人很心急。

此時的焦慮感會瞬間上升，很容易下意識地不停追問孩子是怎麼回事，孩子感受到這樣強烈的焦慮情緒，更無法說清楚了，到最後容易按著同住方／探視方內心劇本的引導來上演，但真相真是如此嗎？其實不盡然。

文中如萍發現欣恬自慰、下體又有些紅腫的詢問過程，就是個很典型的例子。從字裡行間不難想像當時她問得很心急，欣恬感受到如萍的焦慮，回應的次數也因如萍的追問而不斷增加。

從醫院回來之後，如萍又為了讓欣恬製作筆錄時能順暢，將欣恬描述的片斷訊息加了一些自己的詮釋來拼湊完整，其實這都嚴重地影響了陳述的真實、可靠性。

因此面對這樣的狀況，有幾種作法可以供照顧者（指同住方或探視方）參考：

一、平時就要時常練習用開放的語句來和孩子談論各種生活經驗，包括與自己共處的經驗，如：「你今天玩了什麼？你最喜歡做什麼？」等等，讓孩子練習描述生活經驗、感受等機會。

當發現孩子受傷了，記得一定要先穩住自己的情緒，可以用「你怎麼受傷的」這類開放性問句，來取代「你受傷了，是不是爸爸／媽媽弄的？」這類的封閉式問句，如此才能減少孩子因為看見照顧者的焦慮，而順應著照顧者所預期得到的答案來回答。

二、平時和對方友善合作，以和善的語氣詢問觀察到的現象，如：「我發現孩子的臉上有瘀青，你知道是怎麼一回事嗎？我們可以怎麼一起努力來改善嗎？（若為文字訊息，必要時加上表情符號以適當表達情緒狀態）」，取代質問：「為什麼孩子的臉上有傷？」邀請對方一起合作，教導孩子如何自我保護，才能減少孩子受傷的機會。

三、若懷疑孩子遭對方不當對待，應尋求具該專長的專業人員（如社工、心理師、醫生）協助：孩子面對引導式的提問很容易跟著說，若照顧者因心急而不斷追問，反而不利澄清真實狀況。此外，若孩子真有受到不當對待，也可藉由專業人員的敏感度、媒材的使用，更了解孩子的真實狀況，以利給予相對應的保護。

▼釋出善意不是輸，而是一種堅強、勇敢的具體表現

當人面對被誤會，有負面情緒、想澄清都是在所難免。被誤會的一方會在當中找一些客觀的證據試圖讓別人相信自己的清白，但若指控自己的對象是自己深愛的兒女，這種被背叛的強烈情緒，又更加難以釋懷。

故事中清暉被如萍指控對女兒性猥褻，被貼上這個嚴重汙名的標籤已經讓清暉夠難受，加上無法像過去一樣繼續地照顧欣恬，即便可以會面，很多過去和欣恬有的適當親密互動，在機構裡都被限制；更重要的，清暉滿心期待能見到許久未見的欣恬，但見到的那一刻卻是被欣恬大喊「我討厭你」，這讓清暉情何以堪！欣恬這樣一喊，彷彿就是認定清暉就是個「性侵女兒的壞蛋」，清暉那被撕裂般的心痛不難想像。

這類不同程度被誤會不當照顧的指訴狀況並非罕見，被指控的一方該如何面對這樣的情緒？首先，可以先找身邊信任的親友協助，和他們分享自己的心情、感受，嘗試做其他事來轉移重心。但若發現自己內心越來越混亂、越來越封閉，或做什麼事都提不起勁時，一定要尋求專業人員（如臨床心理師、諮商心理師、精神科醫生）協助，幫助自己情緒穩定。

在這過程中若還能見到孩子，一定要抓住下面四個原則：

一、**不要向孩子澄清自己的無辜**：要理解這不是孩子的問題，不要企圖向孩子口頭澄清論辯自己的無辜，而是在與孩子互動中，讓孩子繼續或重新認識你。

二、**專注在與孩子互動上，焦點放在維持或重建親子關係**：就像故事中清暉所說的：「我要讓我女兒知道，不管在哪裡見她，我都愛她、我都珍惜與她相處的時光。」要讓孩子知道，你很珍惜與他之間的互動。唯有自己情緒穩定了，孩子才能跟著放鬆，關係也才能自在。

三、**千萬不可跟孩子說對方的不是來拉攏孩子**：孩子在這過程中，想必有不少的情緒，要幫助孩子可以自在與父母雙方相處、愛父母雙方也接受父母雙方的愛；即便對方有你不認同的作法，也不可以向孩子控訴對方的不是，要讓孩子學習獨立思考，探索自己的感受而做判斷，而不是做個只會人云亦云「聽話」的孩子。

四、友善地面對對方：過程中最困難的就是面對對方了。在實務中很常見雙方會基於自認是保護孩子的立場，實夾雜了很多自己的情緒下，提出過多的要求、限制或質疑。這種「被規定、不被信任」，是很難受的一件事。不過若能在互動中仍保持友善的態度，尤其是孩子在場時更是重要，可以避免增加孩子的壓力，孩子就可減少因壓力而引起忠誠議題、選邊站的困擾。

文中的清暉給了一個很棒的示範，他可以為了愛女兒調整自己，也成功地將焦點放在女兒身上，與如萍真正友善互動。

為了公平、輸贏而爭，獲得的或許是當下的滿足；但若能轉換眼光，為了「關係」

而有些讓步、調整，未來所得到的或許會是此時此刻無法想像的豐富。
父母雙方友善合作，才能達到真正關愛孩子的真意！

國家圖書館出版品預行編目資料

聽見孩子的聲音：程序監理人的看見與實務/兒少權心會策劃；王儷穎、林欣儀、張嘉紋、黃春偉、謝嘉玲、蘇淑貞著； -- 初版. -- 臺北市：啟示出版：英屬蓋曼群島商家庭傳媒股份有限公司城邦分公司發行, 2023.03
面； 公分. -- (Telant系列 ; 55)

ISBN 978-626-7257-04-3(平裝)

1.CST: 兒童福利 2.CST: 兒童保護 3.CST: 輔導人員

547.51 112000278

啟示出版線上回函卡

Talent系列55

聽見孩子的聲音——程序監理人的看見與實務

作　　者／王儷穎、林欣儀、張嘉紋、黃春偉、謝嘉玲、蘇淑貞
總 策 劃／兒少權心會
採訪整理／謝子瓔
總 校 閱／蘇淑貞
校　　閱／張嘉紋、謝子瓔
總 編 輯／彭之琬

版　　權／吳亭儀、江欣瑜
行　　銷／周佑潔、周佳葳
業　　務／黃崇華、賴正祐
總 經 理／彭之琬
事業群總經理／黃淑貞
發 行 人／何飛鵬
法律顧問／元禾法律事務所 王子文律師
出　　版／啟示出版
臺北市104民生東路二段141號9樓
電話：(02) 25007008 傳真：(02)25007759
E-mail:bwp.service@cite.com.tw
發　　行／英屬蓋曼群島商家庭傳媒股份有限公司城邦分公司
台北市中山區民生東路二段141號2樓
書虫客服服務專線：02-25007718；25007719
服務時間：週一至週五上午09:30-12:00；下午13:30-17:00
24小時傳真專線：02-25001990；25001991
劃撥帳號：19863813；戶名：書虫股份有限公司
讀者服務信箱：service@readingclub.com.tw
城邦讀書花園：www.cite.com.tw
香港發行所／城邦（香港）出版集團
香港灣仔駱克道193號東超商業中心1F E-mail: hkcite@biznetvigator.com
電話：(852) 25086231 傳真：(852) 25789337
馬新發行所／城邦（馬新）出版集團【Cite (M) Sdn Bhd】
41, Jalan Radin Anum, Bandar Baru Sri Petaling, 57000 Kuala Lumpur, Malaysia.
Tel：(603)90563833 Fax：(603)90576622 Email：services@cite.my

封面設計／沈佳德
排　　版／邵麗如
印　　刷／韋懋印刷事業有限公司

■2023年3月09日初版
Printed in Taiwan

定價380元

城邦讀書花園
www.cite.com.tw

 ISBN 978-626-7257-04-3